Le petit guide
de l'amendement

5-7, rue de l'École-Polytechnique, 75005 Paris

http://www.editions-harmattan.fr

ISBN : 978-2-14-030258-9
EAN : 9782140302589

Mélody Mock-Gruet & Hortense de Padirac

Le petit guide **de l'amendement**

Editions Pepper

L'Harmattan

INTRODUCTION

« *Un Parlement pour quoi faire* ? » : la question posée par André Chandernagor[1] semble plus d'actualité que jamais depuis les élections législatives du 20 juin 2022 et la nouvelle composition de l'Assemblée nationale. Auparavant, le Parlement de la Vème République avait été rationalisé, au point que beaucoup l'accusaient d'être muselé, uniquement destiné à entériner les textes du Gouvernement. Longtemps considérée comme une chambre d'enregistrement, l'Assemblée nationale de la XVIème législature s'ouvre sous de nouveaux augures. Avec 163 députés du parti Renaissance, 47 Modem, 30 Horizons, Le Gouvernement ne dispose que de 240 députés alors qu'il en faudrait 289 pour qu'il obtienne la majorité absolue[2].

Pour la seconde fois de la Vème République depuis

1. André Chandernagor, *Un Parlement pour quoi faire ?*, Paris, Gallimard, 1967.
2. Les autres groupes ont donc 337 députés, dont 89 pour le Rassemblement National (RN), 75 France Insoumise (LFI) - NUPES, 62 Les Républicains (LR), 31 Socialistes (PS) - NUPES, 23 Écologistes-NUPES, 22 Gauche démocrate et républicaine (GDR)-NUPES, 16 Libertés, Indépendants, Outre-mer et Territoires (LIOT), et 19 non-inscrits (chiffres du site de l'Assemblée nationale – juillet 2022).

l'apparition du fait majoritaire en 1962, le Gouvernement n'a pas la majorité absolue à l'Assemblée nationale[1]. Certes, le Parlement ne détermine plus la politique de la Nation, comme sous la IIIème et la IVème République. Néanmoins, le Gouvernement demeure responsable de sa politique devant le Parlement. Le Parlement reste donc un organe incontournable et essentiel de notre système démocratique, doté de prérogatives importantes. Comme le précise l'article 24 de la Constitution, « *Le Parlement vote la loi. Il contrôle l'action du Gouvernement. Il évalue les politiques publiques* ». Toutefois, le Parlement ne se contente pas de voter la loi, il la façonne également en l'amendant.

Ainsi, loin d'être un droit accessoire, une simple technique de correction, le droit d'amendement reprend aujourd'hui tout son sens, les parlementaires ayant réellement la possibilité de « faire la loi ».

En théorie, le droit d'amendement est une liberté constitutionnelle. Selon le premier alinéa de l'article 44 de la Constitution : « *les membres du Parlement et le Gouvernement ont le droit d'amendement* ». Outil privilégié des parlementaires pour exercer leur pouvoir législatif, ce droit est celui de soumettre au vote des assemblées parlementaires des modifications aux textes dont elles sont saisies. Avec le temps, il est même devenu, dans de nombreux parlements, et notamment en France, la forme d'expression principale du droit d'initiative des parlementaires.

Un amendement consiste en une modification proposée à un projet ou une proposition de loi, ou encore une

1. En 1988, le Parti socialiste, avec 275 députés ou apparentés, peut gouverner avec les soutiens ponctuels du groupe communiste, de l'UDC et des non-inscrits.

proposition de résolution, par un député, un sénateur ou un membre du Gouvernement. Il n'est valable que pour une lecture devant l'assemblée à laquelle il est soumis et est encadré dans sa forme et son fond par des procédures particulières. Par nature écrit, son dépôt par un parlementaire nommément désigné est le plus souvent soumis à un délai déterminé.

Droit individuel ou collectif, c'est également un instrument particulièrement utile, que le parlementaire soit dans l'opposition ou la majorité, s'il souhaite améliorer la qualité et la clarté de la loi. Le droit d'amendement permet aussi d'interpeller, voire alerter le Gouvernement sur des points précis. Ce dialogue entre le Gouvernement et les assemblées contribue au débat démocratique.

De par la logique du fait majoritaire, notons sans surprise que les amendements déposés par les parlementaires de l'opposition ont moins de chance d'être adoptés que ceux issus des rangs de la majorité. Néanmoins, les rapports de force ayant changé lors de la XVIème législature, on a constaté dès le début de la session extraordinaire que les députés – même d'opposition – pouvaient voir leurs amendements adoptés. Sans le concours de certains groupes politiques d'opposition, la majorité relative ne peut pas faire adopter un projet de loi. Le Gouvernement et la majorité doivent donc composer avec les autres forces politiques. La culture du compromis, qui est plutôt celle de l'Union européenne que la France, devient incontournable pour légiférer et gouverner. La France est donc confrontée à un changement de mentalité et de pratiques institutionnelles. L'amendement devient alors l'outil privilégié de cette transformation.

Écrire un amendement est à la fois simple et complexe. Docteures en droit et en science politique, conseillères de députés pendant plus de dix ans, ayant personnellement contribué à la rédaction et au dépôt de plusieurs milliers d'amendements, nous souhaitons faire partager notre expérience à travers cet ouvrage. Nous avons donc résumé nos connaissances, nos observations et nos pratiques dans ce petit guide, destiné à tous, et notamment aux non-initiés.

Volontairement tourné vers la pratique, cet ouvrage présente les différentes règles d'écriture, de dépôt et de défense de l'amendement, de façon didactique, pratique mais non exhaustive, l'esprit de synthèse ne permettant pas de répertorier toutes les situations particulières.

Les futurs collaborateurs parlementaires ou gouvernementaux, les lobbyistes, les journalistes politiques, les étudiants ou tout citoyen pourront ainsi maîtriser rapidement les subtilités de l'amendement. À noter que certaines règles ou procédures peuvent différer au Sénat ; nous avons choisi d'axer plus particulièrement notre propos sur ce que nous connaissons le mieux : l'Assemblée nationale.

Enfin, ce guide, bien évidemment perfectible, a vocation à être actualisé, au fil des évolutions politiques, numériques ou des modifications des Règlements des assemblées.

L'ÉCRITURE DE L'AMENDEMENT

PRINCIPES GÉNÉRAUX DE L'AMENDEMENT

Procédons tout d'abord à quelques rappels d'ordre général sur l'amendement. L'article 44, alinéa premier, de la Constitution du 4 octobre 1958, dispose que « les membres du Parlement et le Gouvernement ont le droit d'*amendement* ». Les députés, sénateurs et membres du Gouvernement, ont ainsi le droit de proposer des modifications à un texte (projet ou proposition de loi ou de résolution) dont est saisie une assemblée.

Ce droit d'amendement s'exerce en commission et en séance publique. Avant d'être examiné par les parlementaires, il est analysé par la commission permanente en charge du texte, qui vérifie qu'il soit recevable et bien placé dans le texte.

En séance publique, cet examen est effectué par le service de la séance. Pour rappel, depuis la révision constitutionnelle du 23 juillet 2008, le texte étudié dans l'Hémicycle est celui de la commission[1]. Les amendements de séance doivent donc prendre en considération

1. Trois exceptions à cette règle : le projet de loi de Finances, le projet de Loi de financement de la sécurité sociale et les projets de lois constitutionnelles.

– souvent en peu de temps – les modifications qui ont eu lieu en commission.

Chaque amendement présente un dispositif législatif et un exposé des motifs. Ce dernier sert à expliquer la finalité du dispositif proposé. Il peut tenir en une phrase ou être très détaillé.

L'amendement peut être déposé par un ou plusieurs députés. Si plusieurs députés s'y associent, ils le « cosignent » et deviennent des « cosignataires ». L'auteur de l'amendement figure toujours en premier, ce qui permet de l'identifier immédiatement.

Pour être examiné, l'amendement doit être défendu. Le parlementaire – ou l'un des cosignataires s'il est absent – qui l'a déposé peut alors développer son exposé des motifs ou juste dire « défendu ». Si personne ne défend l'amendement, il n'est ni examiné ni voté et sera considéré comme « non défendu ».

L'amendement peut être adopté, rejeté ou tombé en fonction de l'adoption des autres amendements. Le vote des amendements se fait à main levée en commission permanente comme en séance publique[1].

Une fois le texte voté à l'Assemblée, il part en discussion au Sénat. Il faut donc à nouveau étudier le texte quand il revient dans la première chambre et vérifier que les amendements adoptés en première lecture figurent toujours dans le texte. Le texte peut avoir subi d'importantes modifications. Ce mouvement de va-et-vient du texte en discussion entre les assemblées est communément appelé la « navette parlementaire ». L'adoption définitive d'un texte implique son vote

1. Sauf lorsque les parlementaires demandent un scrutin public, ce qui n'est possible qu'en séance publique.

dans les mêmes termes par l'Assemblée nationale et le Sénat. Cet accord peut se réaliser spontanément ou après intervention d'une Commission mixte paritaire (CMP). En cas de désaccord persistant entre les deux chambres, le Gouvernement dispose de la possibilité de faire statuer l'Assemblée nationale en dernier ressort.

Bon à savoir

Le même amendement, s'il n'a pas encore été adopté, peut être déposé à plusieurs reprises dans différents projets ou propositions de loi. D'autres parlementaires ont également la possibilité de le reprendre à leur compte. Le parlementaire peut même décider d'en faire une proposition de loi, s'il souhaite le mettre encore plus en lumière. Cette technique permet aussi de renforcer la paternité de l'idée. En revanche, dans ce cas précis, la proposition de loi ne pourra être discutée que si elle est inscrite en « niche ».

À noter qu'un amendement peut avoir un impact hautement politique, voire modifier la nature juridique du régime. Ce fut le cas de « l'amendement Wallon » du 30 janvier 1875, instituant la République, la fonction présidentielle et le septennat dans deux projets de loi « relatifs à l'organisation des pouvoirs publics » dont les constituants de l'époque n'avaient pas souhaité inscrire cette forme de gouvernement. Cet amendement est devenu l'un des fondements de la IIIème République.

PEUT-ON TOUT DIRE DANS UN AMENDEMENT ?

✓ **Oui** car la liberté d'expression des parlementaires s'inscrit dans la tradition constitutionnelle française. Députés et sénateurs bénéficient d'un statut protecteur conçu, non pas comme un privilège, mais comme un moyen de garantir l'indépendance et la liberté d'expression nécessaires à l'exercice de leur mandat. Ainsi, en vertu des dispositions de l'alinéa 1er de l'article 26 de la Constitution du 4 octobre 1958, « *aucun membre du Parlement ne peut être poursuivi, recherché, arrêté, détenu ou jugé à l'occasion des opinions ou votes émis par lui dans l'exercice de ses fonctions* ».

✓ **Non** car partagé avec le Gouvernement, le droit d'amendement, bien que libre et illimité en principe, est toutefois strictement encadré par des dispositions constitutionnelles, organiques et réglementaires, inspirées du « parlementarisme rationalisé ». Plusieurs règles existent, notamment celles des articles 40 et 45 de la Constitution. Sans oublier le respect de la pyramide des normes, avec une distinction entre le domaine réglementaire et le domaine de la loi (articles 27 et 24 de la Constitution), ou encore la limitation du champ d'un projet de loi d'habilitation d'une ordonnance de l'article 48.

L'amendement est par nature un outil d'expression institutionnelle du point de vue du parlementaire. Même si l'amendement peut être perçu comme une disposition technique, il est en réalité la manifestation d'une idée politique. Cette idée peut aller dans le sens du projet ou de la proposition de loi ou, au contraire, exprimer une vision très opposée. Traduire en langage juridique une idée politique dans un amendement consiste à analyser l'état actuel du droit, peser les mots, savoir insérer une idée dans un code ou dans une législation en vigueur, etc.

En fonction de ses convictions, de sa conception de l'intérêt général et du savoir technique dont il dispose sur le sujet, le parlementaire décide des changements nécessaires à faire au texte examiné.

Bon à savoir

Pour les collaborateurs parlementaires, il est préférable de bien connaître les positions de son député ou sénateur, afin de pouvoir anticiper les amendements qu'il souhaite déposer et défendre. Au fil du temps, chaque parlementaire finit par avoir ses sujets de prédilection, ce qui simplifie la tâche. En revanche, pour un parlementaire nouvellement élu, il est parfois plus difficile de savoir sur quel thème intervenir. On peut aller consulter ses différentes interviews ou analyser la circonscription pour connaître les secteurs à défendre. Néanmoins, afin de lever toute ambiguïté, il ne faut pas hésiter à échanger directement avec le parlementaire sur les thèmes qui l'intéressent ou ses positions sur un sujet particulier.

À QUOI RESSEMBLE UN AMENDEMENT ?

Les amendements peuvent porter sur le titre du projet ou de la proposition, les divisions, les intitulés, les articles et les alinéas. En résumé, voici les différents éléments constitutifs d'un amendement :

- l'intitulé, résumé du texte discuté ;
- l'auteur de l'amendement avec, s'il y a lieu, mention des cosignataires (parfois un groupe entier) ou de la commission au nom de laquelle l'amendement est déposé ;
- l'indication de l'article ou de la division du texte en discussion sur lequel porte l'amendement ;
- l'indication de l'article ou de la division avant ou après lesquels l'article additionnel proposé par l'amendement doit être inséré ;
- le dispositif comportant la modification souhaitée par l'auteur de l'amendement ;
- l'exposé sommaire donnant le sens de l'amendement et les motifs de l'auteur. Un amendement présenté sans objet ne peut être reçu.

L'amendement doit être formulé par écrit. Tout amendement comporte un dispositif qui précise son insertion dans le texte, son contenu et un exposé sommaire, qui décrit brièvement l'objectif de l'amendement. L'exposé sommaire est libre de forme. En revanche, le dispositif dépend du type d'amendement.

Un amendement doit définir aussi précisément que possible les modifications qu'il propose. Son dispositif doit donc mentionner non seulement l'article, mais aussi l'alinéa et la phrase qu'il vise et, le cas échéant, le ou les mots à modifier. Afin de simplifier la présentation des amendements, et pour ne pas se tromper dans la modification apportée par l'amendement, chacun des alinéas des textes soumis à l'Assemblée nationale et au Sénat est numéroté : il s'agit du pastillage. Un amendement qui porte sur un ou plusieurs alinéas d'un texte fait donc référence à son numéro.

Notons également une différence dans la numérotation des amendements entre commission et séance. En fonction de la commission dans laquelle il sera examiné, l'amendement comporte sur le côté la référence CL (commission des Lois) ; CF (commission des Finances), etc. S'en suit le numéro de l'amendement, ce qui permet d'ailleurs de savoir s'il y a beaucoup d'amendements déposés sur un texte (parfois plus de 5000) et à quel moment l'amendement a été déposé. En séance, il n'y a pas de remarque avant le numéro. L'amendement précise également à quel niveau du texte se trouve la modification. La modification à effectuer figure toujours à l'infinitif : « rédiger ainsi », « supprimer », « substituer ».

Les amendements sont présentés de manière suivante :

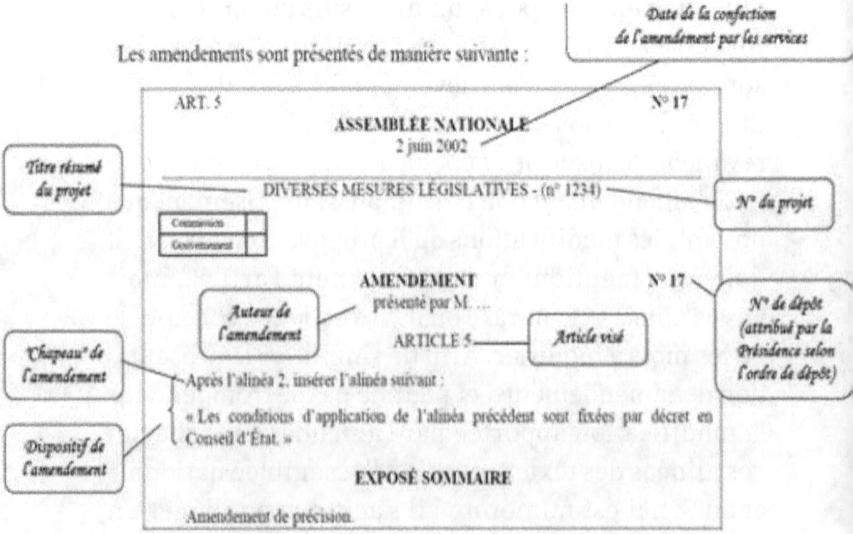

Bon à savoir

Le dispositif est la modification juridique à apporter au texte. L'exposé est l'explication, souvent politique, du dispositif. Si c'est bien le dispositif qui sera adopté et qui aura un impact direct dans l'ordonnancement juridique, il est parfois très compliqué à comprendre seul. C'est pourquoi l'exposé des motifs est presque aussi important, car il permet de décoder, d'interpréter et de voter ou non le dispositif.

LE DISPOSITIF : L'APPORT NORMATIF À LA LOI

Le contenu du dispositif est bien évidemment juridique. On peut noter des éléments récurrents comme :

➲ **Les alinéas** : Constituent un alinéa toute phrase ou ensemble de phrases, tout mot ou ensemble de mots, tout tableau, commençant sur une ligne nouvelle, précédés ou non d'un signe tel que tiret, point ou numérotation. En d'autres termes, tout retour à la ligne constitue un alinéa. Les alinéas sont numérotés, ou « pastillés », dans la marge gauche des projets et propositions pour faciliter leur repérage. Il convient donc de mentionner systématiquement, dans l'amendement, le numéro d'ordre ainsi attribué à l'alinéa ou aux alinéas que l'on souhaite amender. Les divisions et subdivisions (partie, titre, chapitre, section, sous- section, paragraphe) composant la structure du texte ne sont pas « pastillées », sauf lorsqu'elles font partie du corps d'un article. Il en est de même pour les articles ne comprenant qu'un seul alinéa. Les amendements portant sur le contenu des articles d'un projet ou d'une proposition et tendant à modifier, compléter ou insérer des dispositions dans un code ou une loi déjà en vigueur obéissent aux mêmes règles.

➲ **La référence à des articles de codes existants :** la numérotation des articles rédigés doit suivre la logique des textes (codes ou lois) dans lesquels ils sont insérés.

➲ **Un verbe d'action signifiant le type d'amendement** et ce que l'amendement souhaite faire. Il existe en effet différents types d'amendements : suppression, additionnel, rédactionnel, d'appel, etc. Chacun de ces types implique une rédaction particulière. Pour illustration :

Amendement rédactionnel :

Article n° · Rédiger ainsi l'alinéa n : « ... ».

Amendement substitution :

Article n° · Substituer à l'alinéa n les alinéas suivants : « ... ». · Substituer à la n-ième phrase de l'alinéa n les phrases suivantes : « ... ».

Amendement insertion :

Article n° · Avant l'alinéa n, insérer l'alinéa suivant : « ... ». · Compléter cet article par l'alinéa suivant : « ... » .

L'amendement peut comporter plusieurs modifications : cela peut être un rajout, un changement dans la phrase, une date...

L'article 12 de la loi ... est ainsi modifé : 1° Au début, il est ajouté un I ainsi rédigé : « ... » 2° Au début du premier alinéa, est ajoutée la mention : « II. – ».

Les amendements peuvent porter sur :

- des mots : « quarante-deux », « préfet » ;
- une date : « 20 janvier 2003 » ;
- une année : « 2005 » ;
- un montant : « 50 000 € » ;
- un chiffre : « 2 » ;
- un nombre : « 42 » ;
- une référence : « 5° », « article L. 322-12 » ;
- un pourcentage : « 12 % ».

Bon à savoir

Les titres des lois doivent être brefs et résumer leur contenu. Il convient d'éviter d'y insérer des références législatives afin d'écarter toute lourdeur ou inexactitude. De même dans son contenu, certaines limites existent. Par exemple, lors de l'examen du projet de loi n°1005 relatif à la transparence de la vie publique (2013), certains parlementaires souhaitaient renommer le projet de loi « Cahuzac », pour ainsi mettre en défaut l'ancien ministre délégué au Budget, Jérôme Cahuzac, impliqué dans une affaire de comptes non déclarés en Suisse. La séance a considéré comme irrecevable ce type de pratique. En revanche, pour le projet de loi n°19 portant mesures d'urgence pour la protection du pouvoir d'achat, examiné en juillet 2022, la députée Sandrine Rousseau a proposé de modifier le titre comme suit : « rédiger ainsi le titre du projet de loi : « Des miettes et du charbon » ». Elle considérait que le projet n'était pas à la hauteur des ambitions du Gouvernement, précisant dans l'exposé des motifs « l'absence de mesures structurelles de lutte contre la précarité ». Cet amendement a été déclaré recevable : il a donc été discuté avant d'être rejeté.

« FAIS-MOI UN AMENDEMENT DE SUPPRESSION »

Si la forme ne diffère pas, il existe différents types d'amendements selon le contenu et la modification que l'on souhaite apporter au texte. L'écriture des dispositifs change donc en fonction de l'objet. **L'amendement de suppression** est l'un des plus basiques et des plus utilisés, en particulier pour l'opposition. Il sert à supprimer une disposition dans un article du projet de loi ou l'article en entier. Il est donc possible de supprimer un mot, une phrase dans un alinéa, un alinéa en entier ou même un article.

Exemple :

> À l'article n°XXXX
> Supprimer :
> · À la n-ième phrase de l'alinéa n, supprimer les mots : « ... »
> · La n-ième phrase de l'alinéa n°
> · L'alinéa n°
> · L'article

Si l'amendement de suppression est souvent porté par l'opposition, il peut également l'être par la majorité.

Depuis la réforme du Règlement de l'Assemblée nationale d'avril 2019, il n'est plus possible d'effectuer une motion de renvoi ou de suppression avant l'étude du texte en séance publique, afin que la proposition de loi soit vraiment discutée.[1] Il s'agissait en effet d'une manœuvre dilatoire du Règlement qui renvoyait le texte en commission afin qu'il ne soit pas discuté.

En commission, la majorité n'a pas d'autre possibilité que de proposer la suppression de chacun des articles si elle ne souhaite pas qu'ils soient votés. Ce fut le cas, par exemple, pour la proposition de loi visant à plus de justice et d'autonomie en faveur des personnes en situation de handicap, n°4423, déposée par Aurélien Pradié, discutée lors de la niche du groupe Les Républicains le 7 octobre 2021. Le groupe LREM, majoritaire, proposa des amendements de suppression sur tous les articles de la proposition. Le dispositif est simple : il se limite à une ligne, sans avoir nécessairement de gage, même si l'article crée des recettes. En revanche, il est conseillé d'étayer l'exposé des motifs pour expliquer la position des parlementaires qui le déposent.

1. Les motions de rejet préalable (dont l'objet est de faire reconnaître que le texte est contraire à une ou plusieurs dispositions constitutionnelles ou de faire décider qu'il n'y a pas lieu à délibérer, et dont l'adoption entraîne le rejet du texte) et de renvoi en commission (dont l'effet, en cas d'adoption, est de suspendre le débat jusqu'à la présentation par la commission d'un nouveau rapport) sont examinées pour les projets de loi avant la discussion générale, sauf lorsqu'il s'agit d'une séance réservée à l'opposition ou à un groupe minoritaire, auquel cas elles sont discutées à l'issue de la discussion générale. Depuis les modifications du Règlement intervenues en juin 2006 et mai 2009, la défense d'une motion est limitée à trente minutes en première lecture et quinze minutes à partir de la deuxième, sauf décision contraire de la Conférence des Présidents.

Bon à savoir

Lorsqu'un amendement supprimant un article est adopté, tous les autres amendements qui modifiaient cet article ne peuvent plus être discutés : on dit qu'ils sont « tombés ». Ce fut le cas de l'amendement AS11 d'Aurélien Pradié, alors rapporteur du texte, qui proposait un amendement de substitution, modifiant alors le champ de son propre article, afin de le préciser. Cet amendement n'a pas pu être discuté, puisqu'il est tombé, suite au vote et à l'adoption de l'amendement de suppression de la majorité.

« IL FAUT RAJOUTER CETTE MESURE DANS LE TEXTE »

Le projet ou la proposition de loi sont structurés en différents articles (voire chapitres, sections, titres, en fonction de leur sujet et de leur longueur). Ils peuvent modifier des articles de code, ajouter une disposition, en supprimer d'autres, etc. Certains amendements apparaissent aussi comme purement rédactionnels.

L'amendement rédactionnel vise à améliorer, comme son nom l'indique, la rédaction du dispositif législatif. Il modifie une petite partie de l'article, voire un ou deux mots, pour plus de clarté et d'efficacité dans le dispositif. Il est très souvent utilisé par les rapporteurs, après analyse du texte par les administrateurs. Ce type d'amendement permet de corriger une erreur, une imprécision technique ou un problème de référence dans un code. Il permet également de rajouter une exception nécessaire pour éviter une situation complexe ou d'ajouter une précision pour éviter un vide juridique. Ces amendements ne posent généralement aucun problème politique. S'ils sont portés par les rapporteurs, ils sont souvent adoptés avec le soutien du Gouvernement.

En revanche, le rajout d'un article supplémentaire dans un projet de loi ou une proposition de loi est un **amendement dit « additionnel »**. C'est d'ailleurs clairement spécifié dans le dispositif de l'amendement :

> Article additionnel
>
> Après l'article n° X, insérer l'article suivant : « ... ».

L'amendement additionnel est très souvent utilisé par les députés de l'opposition. Il leur permet de discuter des points qui ne sont pas nécessairement dans la loi. Mais cette pratique est de plus en plus limitée par une interprétation restrictive de l'article 45 de la Constitution.

Les députés et sénateurs ne peuvent déposer un amendement additionnel qu'en première lecture. Lorsque le texte revient en navette en seconde lecture, ou lecture définitive, il est impossible de rajouter un nouvel article et donc de faire des amendements additionnels sur le texte voté par les chambres. Il s'agit du principe de « **l'entonnoir** ». Cette règle traduit l'idée selon laquelle, au fur et à mesure des lectures successives faites par les deux assemblées, la navette permet un rapprochement progressif des points de vue. Ce principe figure à l'article 108 du Règlement de l'Assemblée nationale : « *Est proscrit, après la première lecture, le dépôt d'amendements portant sur des articles qui ne sont plus en discussion ou qui sont dépourvus de lien direct avec une disposition restant en discussion* ».

Par exception, l'article 108, alinéa 5, du Règlement admet trois cas dans lesquels il est possible de déroger à la règle de l'entonnoir : il s'agit des amendements destinés à assurer le respect de la Constitution, à opérer une coordination avec des textes en cours d'examen ou à corriger une erreur matérielle. La jurisprudence du Conseil constitutionnel les admet également.

Bon à savoir

Les articles additionnels sont également utiles au Gouvernement pour mettre en œuvre son programme politique. Certains amendements peuvent créer un nouvel article complet dans un projet ou une proposition de loi. Le Gouvernement a donc la possibilité de déposer des amendements additionnels en commission comme en séance publique, sans être soumis au principe de l'entonnoir. Cette pratique, qui a un impact direct sur la qualité de la loi et la sincérité des débats, est discutable. Lorsque des amendements substantiels sont déposés en séance publique, ils n'ont pas pu être examinés préalablement par la commission. Dès lors, celle-ci n'est pas en mesure d'éclairer les parlementaires sur le sens et la portée de ces dispositions. Le Gouvernement utilise largement sa prérogative lors de la première lecture. Ainsi, sur le projet de loi d'actualisation du droit des Outre-Mer du 14 octobre 2015, le Gouvernement a déposé, entre le Sénat et l'Assemblée, 43 amendements demandant des articles additionnels. Le Gouvernement choisit également la chambre devant laquelle il souhaite insérer une nouvelle mesure en fonction des forces politiques : depuis 2014, le Gouvernement n'est plus majoritaire au Sénat. Avant 2022, il avait alors tendance à déposer ses mesures additionnelles à l'Assemblée nationale, où il disposait de la majorité absolue.

À noter que si certains articles ont été supprimés en commission, le Gouvernement peut aussi les réintroduire par voie d'amendements en séance publique. Cette technique permet également d'éviter la censure du Conseil d'État : alors que ce dernier doit se prononcer sur les projets de loi avant leur examen par les assemblées, ce n'est pas le cas des amendements additionnels, pour lesquels il n'émet aucun avis.

« JE VOUDRAIS QU'ON DISCUTE DE CETTE QUESTION »

Lorsqu'un parlementaire souhaite parler en séance publique d'un sujet particulier, il peut déposer un **amendement d'appel**. Sa forme ne varie pas des autres types d'amendements, mais son but est plus politique que normatif.

Ce type d'amendement, qui n'a pratiquement aucune chance d'être adopté, vise à attirer l'attention du Gouvernement ou de la majorité sur un point politique particulier et à créer un débat. Il est souvent d'usage d'indiquer dans l'exposé des motifs qu'il s'agit d'un amendement d'appel. Ce fut le cas, par exemple, de l'amendement n°802 du projet de loi de financement de la sécurité sociale pour 2018.

On voit ici que cet amendement, déposé en première lecture par Joël Aviragnet, membre du groupe socialiste et apparentés, crée un article additionnel. L'exposé sommaire des motifs précise qu'il s'agit d'un amendement d'appel, ayant pour objectif de susciter un débat sur un sujet précis et de porter une vision politique. Les députés peuvent alors questionner le Gouvernement sur le sujet abordé et lui demander des engagements.

Amendement n°802

Discuté

Déposé le **vendredi 20 octobre 2017**

Dossier législatif | Compte rendu | Version XML | Version JSON | Version PDF | Version HTML

▾ Déposé par :

M. Joël Aviragnet , Mme Delphine Batho , Mme Marie-Noëlle Battistel , M. Christophe Bouillon , M. Jean-Louis Bricout , M. Luc Carvounas

APRÈS L'ARTICLE 48, insérer l'article suivant:

La seconde phrase du deuxième alinéa de L. 174-4 du code de la sécurité sociale est supprimée.

Exposé sommaire

Amendement d'appel.

Cet amendement vise à attirer l'attention du Gouvernement sur l'augmentation du forfait hospitalier de 2 euros.

Dans ce cas précis, il était soulevé que le forfait hospitalier était à l'origine une somme visant à couvrir les frais d'hôtellerie et de restauration de l'hôpital. Ce forfait, s'élevant à 18 euros, devait être augmenté de 2 euros pour tenir compte de l'inflation. Or cette augmentation allait être répercutée sur les patients, notamment les plus modestes, déjà confrontés à une inégalité d'accès aux soins. L'amendement visait donc à demander au Gouvernement de revenir sur cette mesure, ce qu'il a refusé.

Bon à savoir

L'amendement d'appel se distingue de l'amendement de repli qui fait généralement suite à un premier amendement mettant en place un dispositif plus précis ou plus vaste. Comme une technique de négociation, il permet de montrer jusqu'où le parlementaire qui a déposé l'amendement peut accepter un équilibre entre le droit existant (ou un article du projet de loi) et ce qu'il souhaite mettre en place. Le Gouvernement peut également trouver dans l'amendement de repli une porte de sortie, acceptant alors une forme de compromis...

Là encore, l'amendement de repli est souvent clairement mentionné dans l'exposé sommaire. Il peut être également l'un des outils de ce qu'on appelle l'obstruction parlementaire : faire un grand nombre d'amendements sur un même sujet. On peut ainsi rédiger des dizaines d'amendements, voire des centaines, en ne changeant que la date d'entrée en vigueur de la loi (le jour ou le mois ou encore l'année, etc.).

LA RECEVABILITÉ FINANCIÈRE DE L'AMENDEMENT

L'article 40 de la Constitution prévoit que « *les propositions et amendements formulés par les membres du Parlement ne sont pas recevables lorsque leur adoption aurait pour conséquence soit une diminution des ressources publiques, soit la création ou l'aggravation d'une charge publique* ». Il interdit donc toute création ou aggravation d'une charge publique et n'autorise la diminution d'une ressource publique que dans la mesure où elle est compensée par l'augmentation d'une autre ressource. L'article 40, qui demeure l'un des rares articles de la Constitution resté inchangé depuis 1958, constitue une limitation centrale du pouvoir d'initiative des parlementaires, sous couvert de justification financière.

En effet, seules les initiatives parlementaires sont visées, conformément à l'esprit du parlementarisme rationalisé, le Gouvernement n'étant pas concerné par cette interdiction. À plusieurs reprises, cet article, qui limite drastiquement le pouvoir légistique des parlementaires, a été contesté. En 2008, lors de la révision constitutionnelle initiée par Nicolas Sarkozy, les présidents des commissions des Finances à l'Assemblée et au Sénat, Didier Migaud et Jean Arthuis, avaient déjà plaidé – en vain – pour la fin de ce qu'ils qualifiaient alors de « *forme d'autocensure parlementaire* »[1]. La plupart des parlementaires estiment en effet que ce garde-fou restreint leurs pouvoirs[2].

Dans le cas des ressources publiques, l'article 40 de la Constitution utilise le pluriel alors que, dans celui de la dépense, il utilise le singulier. Par une interprétation juridique constante, il en découle donc que :

- ➲ **une diminution de ressources publiques** peut être gagée par une augmentation à due concurrence d'une autre ressource, le niveau global des ressources restant inchangé ;
- ➲ **une augmentation de charge même modeste** est, par nature, impossible à compenser par une économie. Dans ce cas-là, même s'il y a un gage, celui-ci est inopérant sur le plan juridique et l'amendement n'est pas recevable. L'exemple type d'une charge de l'État est la création d'un fonds. Par exemple, cela peut être la demande de mise en place d'un fonds de solidarité spécifique (handicap, agriculteurs, etc.). Il n'y a pas d'exemple concret sur le site de l'Assemblée nationale, puisque les amendements irrecevables suivant l'article 40 ne sont pas visibles.

1. Tribune de Didier Migaud et Jean Arthuis, Le Monde, 16 mai 2008.
2. Valérie Rabault, présidente du groupe socialiste à l'Assemblée nationale et ancienne rapporteuse générale du budget de la quinzième législature avait ainsi souligné que « *C'est un bouclier budgétaire pour le gouvernement mais, le problème, c'est qu'on s'en sert comme d'un outil politique afin d'éviter l'examen de certains amendements* ».

La base de référence pour apprécier l'augmentation d'une charge publique est la référence la plus favorable qui s'applique : il s'agit donc soit du droit existant (au sens large : lois, règlements, circulaires, jurisprudence nationale et internationale), soit, si cela est plus favorable à l'initiative parlementaire, le droit proposé (projets et propositions de loi, exposé des motifs, études d'impact et même engagements du Gouvernement, pour peu qu'ils aient été clairement exprimés, dans le cadre des enceintes et procédures parlementaires).

Néanmoins, dans le cas des collectivités territoriales, compte tenu de la difficulté à déterminer avec précision les communes, établissements publics de coopération PCI, départements, régions susceptibles de subir une perte de recettes, la compensation s'apprécie au niveau de chaque catégorie de collectivités, ou au niveau de l'ensemble des collectivités territoriales, s'il n'est pas possible d'affiner plus avant le gage et si la perte de recettes n'est pas circonscrite à une catégorie particulière de collectivités. Le gage est écrit de manière différente selon que la perte de recettes s'applique à l'État, à la Sécurité sociale ou aux collectivités territoriales.

Le champ des textes soumis à un examen de recevabilité financière est très étendu : sont visés les propositions de loi, les amendements ou sous-amendements déposés par un ou plusieurs parlementaires, quelle que soit leur qualité ainsi que les modifications adoptées par la commission saisie au fond et les amendements déposés par un ou plusieurs parlementaires ou au nom d'une commission, à un projet ou à une proposition de loi.

Le contrôle de la recevabilité financière s'exerce lors de chaque lecture, au cours de la navette parlementaire. Une exception concerne les propositions, modifications et amendements relatifs à un texte constitutionnel, ainsi que les propositions de résolution et les amendements à de telles propositions. Une seconde exception existe désormais, pour les amendements portant redéploiements de crédits entre deux programmes d'une même mission, dans le cadre des amendements déposés à un projet de loi de finances, conformément à l'article 47 de la loi organique du 1er août 2001 relative aux lois de finances (LOLF).

La mise en œuvre de ce contrôle de la recevabilité financière des initiatives parlementaires est avant tout de la responsabilité de chaque assemblée, sous la forme d'un contrôle *a priori* et systématique, introduit à l'Assemblée nationale dès 1959 et au Sénat depuis 2007. Si les réformes successives des Règlements parlementaires ont contribué à un rapprochement incontestable des procédures de contrôle effectuées par l'Assemblée nationale et le Sénat sur l'irrecevabilité financière, accroissant ainsi la lisibilité du droit parlementaire, la pratique au sein de chacune des deux chambres reste différente. En effet, la tradition veut que l'article 40 de la Constitution fasse l'objet d'une interprétation plus rigoureuse à l'Assemblée nationale qu'au Sénat, traditionnellement moins docile au Gouvernement.

Le contrôle s'effectue préalablement au dépôt de l'amendement. Pour les propositions de loi, en application de l'article 89, alinéa 1, du Règlement de l'Assemblée nationale, l'appréciation de leur recevabilité est confiée à une délégation du Bureau de l'Assemblée, qui refuse le dépôt des propositions de loi « *lorsqu'il apparaît que leur adoption aurait les conséquences prévues par l'article 40 de la Constitution* ». Toutes les propositions de loi n'ayant pas vocation à être discutées en séance publique, le Bureau applique néanmoins avec une certaine souplesse les dispositions constitutionnelles afin de ne pas restreindre excessivement l'initiative parlementaire. À ce titre, il admet par exemple qu'une charge puisse être compensée.

Concernant les amendements, sous les anciennes législatures, les avis rendus par le président de la commission des Finances en matière de recevabilité sont en général suivis par le président de l'Assemblée et par les présidents des commissions saisies au fond, bien qu'ils n'y soient pas tenus.

Le contrôle peut également être effectué *a posteriori* du dépôt. Les dispositions de l'article 40 de la Constitution peuvent être opposées « à tout moment » au cours de la procédure législative, par le Gouvernement ou par tout député, aux propositions de loi, y compris celles qui auraient été préalablement déclarées recevables par le Bureau de l'Assemblée, et aux amendements, ainsi qu'aux modifications apportées par les commissions aux textes dont elles sont saisies. Dans ce cas, il appartient au président de la commission des Finances de se prononcer sur leur recevabilité (article 89, alinéa 4, du Règlement de l'Assemblée nationale).

Les parlementaires sont libres du choix de leur gage. Toutefois, le gage le plus utilisé est une augmentation des droits sur le tabac : « La perte de recettes pour l'État est compensée à due concurrence par la création d'une taxe additionnelle à l'accise sur les tabacs prévue au chapitre IV du titre Ier du livre III du code des impositions sur les biens et services ». Pour information, les gages sont préenregistrés dans l'application Eloi. En outre, l'administrateur de la commission des finances qui vérifie le gage pourra le changer s'il pense qu'il n'est pas approprié (passer de l'État à la Sécurité sociale par exemple) mais il ne pourra jamais rajouter un gage lorsque l'amendement est déposé. À noter également que ce gage fonctionne **même pour plusieurs milliards d'euros**. C'était le cas de l'amendement n°I-463 sous la XVème législature qui demandait à ce que le fonds de dotation globale de fonctionnement (DGF) des collectivités revienne au niveau de 2016.

Bon à savoir

Deux techniques permettent aux parlementaires de parler d'un sujet qui aurait pu être considéré comme irrecevable aux motifs de l'article 40 de la Constitution :

* **la demande de rapport** : un amendement peut demander un rapport sur un sujet précis, permettant ainsi de susciter un débat sur un sujet particulier, sans créer de charges ou de dépenses. Le parlementaire se contente de demander au Gouvernement un état des lieux et une réflexion sur un sujet. Pour rappel, du fait du principe de la séparation des pouvoirs, le Parlement ne peut enjoindre le Gouvernement à faire quelque chose. En revanche, il peut lui demander la remise d'un rapport. Cela fonctionne également pour une demande de rapport qui pourrait émettre des propositions précises, comme la mise en place d'un fond par exemple (ce qui est complètement interdit par l'article 40). On retrouve souvent le même dispositif, rédigé de la manière

suivante : « Dans les six mois après la promulgation de la loi, le Gouvernement remet un rapport sur… Avec des propositions afin de remédier à la situation ». Certains parlementaires utilisent des formulations différentes, parfois plus piquantes envers le Gouvernement, comme on peut le voir avec l'amendement 24314 de François Ruffin sur le projet de loi n°2623 instituant un système universel de retraite.

À noter tout de même que nous avons vu dès le début de la XVIème législature des amendements rapports non recevables, alors qu'ils auraient pu l'être lors des législatures précédentes. Il semblerait qu'il existe une volonté de la part de la majorité de vouloir limiter, encore une fois, cette technique…

✶ L'autre astuce est **l'amendement demandant une loi d'expérimentation** sur un sujet précis. Ce type d'amendement autorise l'État pour un temps limité – trois ans au maximum –, à titre expérimental et pour un nombre de territoires précis, la revalorisation d'une charge. Mais la charge ne doit pas être considérée comme pérenne. La mise en œuvre de cette autorisation est le plus souvent laissée à la discrétion d'un décret. Le dispositif est généralement rédigé de la manière suivante : « L'État autorise que … à titre expérimental … Pendant une période de trois ans. Les modalités de cette expérimentation sont fixées par décret, ainsi que les territoires concernés ».

« LE CAVALIER LÉGISLATIF N'EST PAS UN BON CHEVAL MAIS IL A BON DOS »

Outre l'irrecevabilité financière de l'article 40, l'article 45, premier alinéa, de la Constitution dispose que tout amendement est recevable en première lecture dès lors qu'il présente un lien, même indirect, avec le texte déposé ou transmis. On appelle alors « cavalier législatif » **un amendement dépourvu de lien, même indirect, avec le texte de loi examiné.** À ce titre, les dispositions qui en sont issues sont déclarées contraires à la Constitution et donc censurées par le Conseil constitutionnel. Selon le secrétaire général du Conseil constitutionnel, Jean Maïa, les cavaliers législatifs renvoient aux « dispositions contenues dans un projet ou une proposition de loi qui, en vertu des règles constitutionnelles ou organiques régissant la procédure législative, n'ont pas leur place dans le texte dans lequel le législateur a prétendu les faire figurer »[1].

1. Jean Maïa, *Le contrôle des cavaliers législatifs, entre continuité et innovations*, Titre VII [en ligne], n° 4, Le principe d'égalité, avril 2020. URL complète : https://www.conseil-constitutionnel.fr/publications/titre-vii/le-controle-des-cavaliers-legislatifs-entre-continuite-et-innovations

Si la notion apparaît dès 1935 dans le Règlement de l'Assemblée nationale, l'exigence d'un lien entre un amendement et un texte en discussion devant le Parlement a été établie pour la première fois dans une décision du Conseil constitutionnel du 13 décembre 1985. La révision de 2008 a par la suite constitutionnalisé l'irrecevabilité des « cavaliers législatifs » en l'intégrant à l'article 45 de la norme suprême, ce qui s'inscrit dans la lignée de la jurisprudence susmentionnée.

La cohérence du débat parlementaire et de la loi justifie l'interdiction des cavaliers législatifs. En effet, si une disposition sans lien avec le texte devait être introduite, une difficulté émergerait s'agissant de la compétence de la commission parlementaire saisie ou du ministre sur le sujet. Cela pourrait, par conséquent, nuire à la qualité de la loi.

Bien que l'article 45 de la Constitution n'impose pas que ce contrôle soit systématiquement opéré par les assemblées avant la discussion du texte, le Sénat, depuis plusieurs années[1], et l'Assemblée nationale[2], plus récemment, ont décidé de procéder au contrôle de la recevabilité des amendements dès leur dépôt afin de se conformer à l'interdiction des cavaliers législatifs. Si c'est le cas, l'amendement est déclaré irrecevable, soit par le président de la commission, soit par le président de l'Assemblée, et n'est pas mis en discussion.

Auparavant, seul le Conseil constitutionnel était juge du respect de l'article 45, lorsqu'il était saisi ou lorsqu'il s'autosaisissait. Selon une jurisprudence constante du Conseil constitutionnel, celui-ci examine

1. Règlement du Sénat, art. 44, alinéa 3.
2. Règlement de l'Assemblée nationale, art.98, alinéa 6.

d'office les questions des cavaliers législatifs, résultant de l'article 45 de la Constitution. L'exigence du lien a fondé, à intervalles réguliers, des censures. Cette matière est par nature d'une grande complexité et peut s'avérer délicate. Ces irrecevabilités posent en effet des problèmes techniques et d'appréciation, le lien direct ou indirect avec le texte n'étant pas toujours aisé à déterminer.

En outre, il est indispensable de trouver un juste équilibre entre la prise en compte des irrecevabilités et le plein respect du droit d'amendement et d'initiative des parlementaires, constitutionnellement reconnus. À cet égard, le Conseil constitutionnel a développé une jurisprudence évolutive sur l'exigence d'un lien entre l'amendement et le texte en discussion. Il utilise la technique du « faisceau d'indices », les indices étant au nombre de trois : l'intitulé, l'exposé des motifs et l'objet du texte. Le contrôle sera plus ou moins difficile selon l'ampleur et la portée du texte, s'il a un objet délimité ou s'il porte sur des sujets multiples (comme c'est le cas par essence des lois de finances ou de financement de la sécurité sociale, ou encore des textes touchant à différents sujets, comme la loi sur l'égalité des chances qui intéressait plusieurs ministères).

Pour les députés et sénateurs, les décisions d'irrecevabilité suscitent parfois un fort mécontentement. Les parlementaires de l'opposition peuvent notamment considérer qu'il s'agit d'un moyen de les « museler » et d'empêcher le débat sur un sujet qui leur apparaît pourtant majeur. Ainsi, en juin 2020, les députés ont reçu un courrier du président de l'Assemblée nationale, Richard Ferrand, expliquant la nouvelle conception des cavaliers législatifs. Ce courrier faisait suite à la réforme du Règlement de l'Assemblée, un an auparavant, afin de conforter en interne la possibilité donnée aux présidents de commission et de l'Assemblée nationale[1] de censurer *a priori* les cavaliers législatifs. Dans le courrier intitulé « *Memento sur l'irrecevabilité des cavaliers budgétaires et règle de l'entonnoir* », il est expliqué que :

L'existence d'un lien est recherchée entre l'amendement déposé et le contenu d'un article du projet ou de la proposition de loi.

> *Il résulte de ce qui précède que :*
>
> ⇨ *le seul fait qu'un amendement poursuive le même objectif que le projet ou la proposition de loi ne suffit pas à le rendre recevable ;*
>
> ⇨ *un amendement portant sur un sujet évoqué par le projet ou la proposition n'est pas de ce seul fait recevable s'il ne peut être rattaché au contenu de l'un de ses articles ;*
>
> ⇨ *un amendement portant sur une disposition d'un code modifié par un article du texte en discussion n'est recevable que s'il peut se rattacher au contenu d'un article du projet ou de la proposition de loi.*

Le lien « *même indirect* » semble être remis en cause. Ainsi, certains exemples donnés de cavaliers semblent surprenants dans le *Memento* de Richard Ferrand, comme : « *Proposition de loi visant à renforcer la lutte contre la maltraitance animale (commission des affaires économiques, janvier 2021). Un amendement prévoyant une fin progressive de l'élevage en cage a été déclaré irrecevable, les animaux de rente n'étant concernés par aucun article du texte initial.* »

Le but était simple : s'opposer à l'obstruction parlementaire réduisant le nombre d'amendements en

1. Dans les faits, le Président de l'Assemblée nationale et les présidents de commission donnent délégation aux services, c'est-à-dire aux administrateurs.

constante évolution, permettre un débat plus serein et donc légiférer plus rapidement. Mais la réalité est tout autre. Une étude de *The Good Lobby France* montre que depuis 2019, sur les textes les plus significatifs, le taux moyen d'amendements ainsi écartés est passé de moins de 1 % à 10 %, atteignant parfois des pics à 30 % (réforme de la justice), voire à 40 % (loi « gilets jaunes »)[1]. Il ressort également de l'étude que :

➲ « les groupes politiques sont très inégalement touchés ; sur certains textes, un député de l'opposition sera censuré 5 fois plus qu'un député de la majorité ;
➲ le contrôle des irrecevabilités est utilisé pour lutter contre l'obstruction et la hausse constante du nombre des amendements depuis 2017, ce qui constitue une réponse contestable à l'enjeu, bien réel, d'efficacité du Parlement ;
➲ les modalités d'application de ce contrôle – particulièrement dépourvues de collégialité, de transparence et de voie de contestation – semblent uniques en Europe»[2].

1. Gaëtan de Royer, Louis Le Cesne, *Les cahiers de The Good Lobby France*, « Mieux cadrer le contrôle des cavaliers législatifs : une exigence démocratique », mai 2021, p.10.
2. *Idem*.

Bon à savoir

Pour remédier aux questions relatives au contrôle de l'article 45, le Sénat a souhaité que la commission au fond détaille le périmètre du texte dont elle est saisie, à partir duquel le contrôle s'opérera. La démarche consiste à objectiver le contrôle des cavaliers.

À l'Assemblée nationale, sous la XVème législature, la commission des Lois a tenté de faire accepter autant que faire se peut cette nouvelle rigueur. Avant chaque examen d'un texte, elle a distribué à ses membres et à leurs collaborateurs, une note synthétique visant à les aider à ne pas franchir les limites de la cavalerie législative. Or attention : cette note ne valait que pour l'examen en commission, puisque c'est le président de cette dernière qui apprécie la recevabilité en commission, alors que pour la séance publique, il s'agit du président de l'Assemblée (après consultation éventuelle du président de commission) qui peut avoir une interprétation différente.

Les conditions de recevabilités restent très strictes sous la XVIème législature. Plusieurs groupes politiques, comme Les Républicains ou le groupe socialiste (PS), se sont d'ailleurs émus du nombre particulièrement important d'amendements déclarés irrecevables[1]. Souvent opaques, les raisons

1. Les propos de Gérard Leseul, orateur du groupe Socialistes et apparentés, sur le projet de loi portant mesures d'urgences pour la protection du pouvoir d'achat, témoignent de la frustration des parlementaires : « *il semble que la fièvre de l'irrecevabilité ait de nouveau saisi la présidence de l'Assemblée nationale et celle de la commission des Finances, que vous soupçonniez de laxisme. Nous avons déposé quatre-vingt-dix-neuf amendements pour l'examen du texte en séance, dont quarante-trois ont été rejetés, soit au titre de l'article 40 de la Constitution, qui concerne la recevabilité*

qui mènent à déclarer un amendement cavalier peuvent parfois apparaître comme politiques (volonté de ne pas prendre le risque d'avoir un amendement déplaisant adopté ou une trop grande quantité d'amendements à examiner et donc un débat qui traîne en longueur).
Il convient de noter que l'interprétation de l'article 45 n'est pas la même entre la commission et la séance. Il arrive ainsi qu'un amendement soit déclaré cavalier en commission et recevable en séance publique[1]. Il ne faut donc pas hésiter à redéposer les amendements déclarés cavaliers, en séance publique ou en deuxième lecture.

financière, soit au titre de l'article 45, en application de la règle dite de l'entonnoir. Je ne comprends pas ce retour aux méthodes visant à retoquer systématiquement les amendements qui vous déplaisent. », 1ère séance du lundi 18 juillet 2022, Assemblée nationale, compte-rendu des débats.

1. Ainsi, l'amendement n°401 de Virginie Duby-Muller au projet de loi portant mesures d'urgence pour la protection du pouvoir d'achat a été déclaré irrecevable au titre de l'article 45 de la Constitution par la commission des Affaires économiques, mais recevable par la séance. Il a donc pu être défendu dans l'Hémicycle le 22 juillet 2022.

LOBBY OR NOT LOBBY ?

L'amendement émane du parlementaire, mais les fédérations professionnelles, les associations, les syndicats, les ONG et les cabinets de conseil peuvent également lui en proposer. Ces amendements sont souvent « clés en main », défendant l'intérêt d'un groupe d'influence en particulier.

Comme le souligne Viviane de Beaufort, professeure de droit et de l'environnement de l'entreprise : « *Définir le lobbying n'est pas un exercice facile* »[1]. D'ailleurs, il existe plusieurs terminologies : lobbying, relations institutionnelles, affaires publiques, représentants d'intérêts, etc. Dans sa conception large, le lobbying pourrait être : « *des activités qui visent à influencer l'élaboration des politiques et les processus décisionnels des institutions* »[2]. Aujourd'hui, pour être considéré comme représentant d'intérêts, il faut être une personne morale ou physique, qui mène une activité de façon

1. Viviane de Beaufort, *Lobbying portraits croisés*, Éditions Autrement, 2008, p. 8.
2. Définition donnée par Slim Kallas, Commissaire européen en charge des affaires administratives et de la lutte contre la France dans le livre vert *Initiative européenne en matière de transparence*, 2006.

principale ou régulière pour influencer la décision publique d'un responsable politique[1].

Chaque pays a sa propre perception du lobbying. Aux États-Unis, il est considéré comme un devoir quasi citoyen, car le droit d'émettre son opinion est issu du 1er amendement[2]. Au Canada, le lobby est un moyen pour la société civile de participer à l'élaboration d'une décision publique[3]. En revanche, en France, il est mal vu car la loi émane de la volonté générale, selon l'approche rousseauiste. Elle doit donc être l'expression de l'intérêt général. Cette conception s'est manifestée dès la Révolution, par le décret d'Allarde et la loi Le Chapelier de 1791 : le premier abolit les corporations et la seconde interdit les coalitions de patrons ou de travailleurs. Les deux normes témoignent d'un même souci d'interdire tout corps intermédiaire entre le citoyen et l'État, incompatible avec l'idéal démocratique républicain. Il faut attendre 1884 pour que la création de syndicats soit autorisée et 1901 pour celle des associations.

Cette pratique permet un échange entre la sphère économique, sociale ou associative et la sphère politique. Les décideurs publics peuvent alors prendre conscience des enjeux, des positions, des opinions et des difficultés des différents acteurs, qui sont experts dans leur domaine. Ces derniers font donc partie

1. Décret n°2017-867 du 9 mai 2017 relatif au répertoire numérique des représentants d'intérêts.
2. 1er amendement du *Bill of Rights* : « *Le Congrès ne fera aucune loi accordant une préférence à une religion ou en interdisant le libre exercice, restreignant la liberté d'expression, la liberté de la presse ou le droit des citoyens de se réunir pacifiquement et d'adresser à l'État des pétitions pour obtenir réparation de torts subis.* »
3. Viviane de Beaufort, *Lobbying portraits croisés*, *op.cit.*, p.218.

du champ d'élaboration de la norme. Toutefois, **le parlementaire reste et doit toujours rester libre de son choix.**

C'est dans cet esprit qu'un certain nombre de règles déontologiques ont été édictées, permettant la régulation, la transparence, l'identification et la limitation des conflits d'intérêts entre responsables politiques et les autres acteurs de la société civile. Des organes de contrôle, tels que la Haute Autorité pour la transparence de la vie publique (HATVP) et le déontologue de l'Assemblée et du Sénat, sont garants du respect de ces règles.

En un peu plus de dix ans, le cadre légal a évolué, passant d'initiatives de chaque chambre à des normes communes à respecter, avec par exemple la loi du 9 décembre 2016 relative à la transparence, à la lutte contre la corruption et à la modernisation de la vie économique, dite loi « Sapin II », le décret n°2017-867 du 9 mai 2017 relatif au répertoire numérique des représentants d'intérêts ou encore les lois pour la confiance dans la vie politique du 15 septembre 2017, ou « lois pour la moralisation de la vie publique ». Les représentants d'intérêts doivent s'abstenir de remettre des cadeaux ou avantages quelconques d'une valeur significative – supérieure à 150 euros – à un responsable public, de verser une rémunération à un responsable pour qu'il prenne la parole dans un colloque ou une réunion, ou encore de vendre des informations provenant d'un responsable public. Il est également interdit aux parlementaires d'exercer une activité de lobbyiste, que ce soit à titre individuel ou au sein des personnes morales inscrites dans le répertoire de la HATVP. Enfin, un système de déports a été mis en place pour les parlementaires ne souhaitant pas participer à certains travaux, s'ils estiment qu'ils peuvent être confrontés à une situation de conflit d'intérêts.

Bon à savoir

On peut retrouver le même amendement déposé par un député LR, PS, France Insoumise (LFI), ou tout autre groupe. Les lobbyistes ont tendance à cibler tous les parlementaires intéressés par leur sujet, sans nécessairement se limiter à une couleur politique. Et les parlementaires se retrouvent donc à défendre un même point de vue, dépassant les clivages politiques.

LES GUIDES FORMELS ET TECHNIQUES MIS À DISPOSITION PAR LES ASSEMBLÉES

ASSEMBLÉE NATIONALE

GUIDE DE L'UTILISATION D'ELOI POUR LES AUTEURS

Il existe dans chaque assemblée un guide, aujourd'hui en ligne, qui permet d'apprendre à écrire les différents types d'amendement et qui contiennent des précisions sur le mode de dépôt, les délais, etc. Facile d'accès sur l'intranet, mais résolument technique, ce guide explique également comment utiliser les diverses applications mises à disposition des députés et de leurs collaborateurs.

Il est important de savoir que ces guides existent et qu'on peut s'y référer, surtout lorsque l'on apprend à écrire des amendements ou en présence de cas très particuliers, comme un tableau à intégrer dans un amendement.

Bon à savoir

À noter que le site de l'Assemblée est très bien fait pour retrouver des amendements. Il est en quelque sorte la base de données de la jurisprudence sous une législature (et les précédentes) accessible à tous, citoyens comme membres de l'Assemblée : http://www2.assemblee-nationale.fr/recherche/amendements.

LE DÉPÔT DE L'AMENDEMENT

IDENTIFIER LE BON VÉHICULE LÉGISLATIF

Pour déposer un amendement, il faut trouver le véhicule législatif adéquat, c'est-à-dire un projet de loi ou une proposition de loi appropriés. Il convient donc de faire attention au véhicule législatif dans lequel l'amendement est déposé, afin de respecter notamment la **pyramide des normes**. L'amendement déposé sur un projet de loi constitutionnelle sera différent de celui déposé pour un projet ou une proposition de loi organique ou encore sur une proposition de loi ou un projet de loi ordinaire. Il n'est donc pas possible de déposer un amendement du niveau constitutionnel dans un véhicule législatif ordinaire, et vice versa.

Les amendements doivent respecter l'intégralité de la pyramide des normes de Kelsen, dans leur contenu mais aussi dans le véhicule choisi. Pour rappel, la Constitution et le bloc constitutionnel se trouvent au sommet de cette pyramide. Suivent le droit communautaire, les conventions, les lois organiques, les lois ordinaires et enfin les décrets.

Concernant la loi ordinaire, son domaine précis est circonscrit à l'article 34 de la Constitution. Des conditions strictes doivent être réunies pour l'adoption des lois organiques, précisées à l'article 46 de la Constitution[1]. Le Conseil constitutionnel a d'ailleurs développé une jurisprudence visant à ce que les lois organiques n'interviennent que dans les domaines et pour les objets limitativement énumérés par la Constitution. En outre, les lois organiques font l'objet d'un contrôle constitutionnel spécifique[2].

Prenons, par exemple, le projet de loi organique établissant la confiance dans l'action publique n°580 du 14 juin 2017. Il n'est pas possible d'y introduire un amendement de suppression du titre XI de la Constitution relatif au Conseil économique social et environnemental, puisque c'est un projet de loi organique et non constitutionnelle. L'amendement n'est donc pas recevable, puisque ce n'est pas le véhicule législatif adéquat. En revanche, l'amendement peut tout à fait être déposé dans un projet de loi constitutionnelle.

1. L'article 46 de la Constitution dispose que « *Les lois auxquelles la Constitution confère le caractère de lois organiques sont votées et modifiées dans les conditions suivantes :*
Le projet ou la proposition ne peut, en première lecture, être soumis à la délibération et au vote des assemblées qu'à l'expiration des délais fixés au troisième alinéa de l'article 42. Toutefois, si la procédure accélérée a été engagée dans les conditions prévues à l'article 45, le projet ou la proposition ne peut être soumis à la délibération de la première assemblée saisie avant l'expiration d'un délai de quinze jours après son dépôt.
La procédure de l'article 45 est applicable. Toutefois, faute d'accord entre les deux assemblées, le texte ne peut être adopté par l'Assemblée nationale en dernière lecture qu'à la majorité absolue de ses membres.
Les lois organiques relatives au Sénat doivent être votées dans les mêmes termes par les deux assemblées.
Les lois organiques ne peuvent être promulguées qu'après déclaration par le Conseil constitutionnel de leur conformité à la Constitution ».
2. Constitution de 1958, art. 61.

En outre, un amendement **législatif ne peut pas porter sur le domaine réglementaire**. La Constitution de 1958 prévoit plusieurs mécanismes de protection du domaine d'intervention réglementaire. Selon l'article 41 de la Constitution, le Gouvernement peut, pendant la discussion parlementaire, opposer l'irrecevabilité à tout amendement ou à toute proposition de loi qui concernerait le domaine réglementaire. Depuis la révision constitutionnelle de juillet 2008, cette possibilité est également ouverte au président de l'Assemblée saisie. De plus, en vertu de l'article 37 de la Constitution, le Gouvernement peut saisir le Conseil constitutionnel pour que celui-ci l'autorise à modifier par décret une loi qui serait intervenue dans une matière de nature réglementaire.

Enfin, **les amendements sur des projets de loi d'habilitation pour une ordonnance sont également particuliers**. Pour rappel, selon l'article 38 de la Constitution, le Gouvernement peut, pour l'exécution de son programme, recevoir, par délégation du Parlement, le pouvoir d'intervenir dans le domaine législatif. Le 20 janvier 2005, le Conseil constitutionnel a jugé que les autorisations qui permettent au Gouvernement de prendre par ordonnances des mesures qui seraient normalement du domaine de la loi ne peuvent être que d'initiative gouvernementale. Ce qu'il faut impérativement savoir, c'est qu'un amendement dans ce type de projet de loi, ne peut pas augmenter le champ de pouvoir du Gouvernement octroyé dans le projet de loi initial. Prenons, par exemple, le projet de loi pour un nouveau pacte ferroviaire du 14 mars 2018, pour lequel le Gouvernement a souhaité être habilité à légiférer par ordonnance sur le fondement de l'article 38 de la

Constitution. Dans ce cas-là, il est impossible d'étendre le champ de l'ordonnance à la RATP ou à l'aérien. Le Parlement ne peut pas s'autodessaisir de son champ de compétence pour le transmettre au Gouvernement.

Bon à savoir

Un élément supplémentaire, par rapport à la pyramide des normes, est à prendre en considération en ce qui concerne le véhicule législatif : le principe de séparation des pouvoirs. Par exemple, l'article 9 du chapitre III du projet de loi pour la confiance dans la vie politique interdisait la pratique de la « réserve parlementaire ». Il s'agissait d'un ensemble de subventions du budget de l'État qui permettait aux députés et sénateurs de financer des associations et des collectivités de leur circonscription. Mais les amendements demandant à ce que cette règle s'applique également au Gouvernement et au Président de la République ont été considérés comme irrecevables, sur le fondement de la séparation des pouvoirs entre l'exécutif et le législatif. Ne s'inscrivant pas dans un régime présidentiel de séparation stricte des pouvoirs, cette règle peut sembler aléatoire dans son application, voire inappropriée dans un régime parlementaire. Fondée sur la doctrine de rationalisation du parlementarisme, cette règle repose sur l'idée que le Parlement ne contraint pas le Gouvernement. Pourtant, le Gouvernement peut contraindre le Parlement, jusqu'à une certaine mesure : comme on l'a vu avec les amendements sur les projets de loi d'habilitation pour une ordonnance, le Parlement ne peut pas davantage étendre le champ de compétence du Gouvernement que ce qui est prévu par le texte.

« LA FEUILLE VERTE EST SORTIE ? »

Enfin une question qui ne contient pas le mot amendement… Et qui, pourtant, est tout aussi importante dans le processus législatif ! La feuille verte, établie par **la Conférence des présidents,** fixe l'ordre du jour et donne le programme législatif des semaines à venir en séance publique. Il faut donc se fonder sur ce calendrier pour connaître les prochains projets de loi qui seront discutés et pouvoir déposer les amendements.

Pour information, la Constitution prévoit que le Parlement se réunisse de plein droit en session ordinaire, ouverte le premier jour ouvrable d'octobre et prenant fin le dernier jour ouvrable de juin. Durant la session ordinaire, le Parlement ne peut pas siéger plus de 120 jours. Néanmoins, le Président de la République peut convoquer, par décret, le Parlement en session extraordinaire sur un ordre du jour déterminé, à la demande du Premier ministre ou d'une majorité de députés.

Le calendrier des travaux de l'Assemblée nationale et l'ordre du jour des séances sont établis par la Conférence des Présidents :

- ➲ deux semaines sur quatre sont ainsi réservées à l'examen des textes et aux débats dont le Gouvernement demande l'inscription à l'ordre du jour ;
- ➲ une semaine sur quatre au contrôle de l'action du Gouvernement et à l'évaluation des politiques publiques ;
- ➲ un jour de séance par mois est consacré à un ordre du jour arrêté à l'initiative des groupes d'opposition et des groupes minoritaires ;
- ➲ et une séance par semaine au moins aux questions au Gouvernement.

La Conférence des présidents a été constitutionnalisée lors de la révision du 23 juillet 2008. Aux termes de l'article 47 du Règlement de l'Assemblée nationale[1], la Conférence des présidents est convoquée chaque semaine, s'il y a lieu, par le président de l'Assemblée nationale. Elle réunit, outre le président, les vice-présidents de l'Assemblée, les présidents des commissions permanentes, les rapporteurs généraux de la commission des Affaires sociales et de la commission des Finances, le président de la commission des Affaires européennes et les présidents des groupes. Les présidents des commissions spéciales et le président de la commission dite des immunités peuvent être convoqués à la Conférence des présidents, sur leur demande. Le Gouvernement peut y déléguer un représentant. Au cours de sa réunion hebdomadaire, la Conférence examine l'ordre des travaux de l'Assemblée pour la semaine en cours et les trois suivantes.

1. Au Sénat, il s'agit de l'article 29 du Règlement.

À l'issue de cette réunion, est établi le **calendrier des séances** ou « feuille verte », car imprimée sur du papier vert. Elle est accessible sur le site de l'Assemblée nationale, et mise à jour, le plus souvent, le mardi à partir de 14h. Elle est également imprimée et disposée à côté des casiers de la Poste, dans les différents bâtiments de l'Assemblée nationale (101 rue de l'Université, Palais Bourbon, 3 rue Aristide Briand).

DATES	MATIN	APRÈS-MIDI	SOIR
Semaine de l'Assemblée **NOVEMBRE** **LUNDI 29**		*À 16 heures :* - *Évent.*, lect. déf. Pt financement de la sécurité sociale pour 2022. - Pn résol. *(art. 34-1 de la Constitution)* association de Taïwan aux travaux des organisations internationales et des forums de coopération multilatérale (4271). - Pn résol. *(art. 34-1 de la Constitution)* engagement de la France pour le renforcement d'une action internationale de lutte contre la pollution plastique (4578). - 2e lect. Pn visant à renforcer le droit à l'avortement (3793, 3879).	*À 21 h 30 :* - Suite odj de l'après-midi.
MARDI 30		*À 15 heures :* - Questions au Gouvernement. - Suite 2e lect. Pn visant à renforcer le droit à l'avortement.	*À 21 h 30 :* - Suite odj de l'après-midi.
DÉCEMBRE **MERCREDI 1er**		*À 15 heures :* - Pn visant à combattre le harcèlement scolaire (4658). - Suite odj de la veille.	*À 21 h 30 :* - Suite odj de l'après-midi.

Cette feuille verte ne doit pas être confondue avec la « feuille jaune », qui est le dérouleur de la séance.

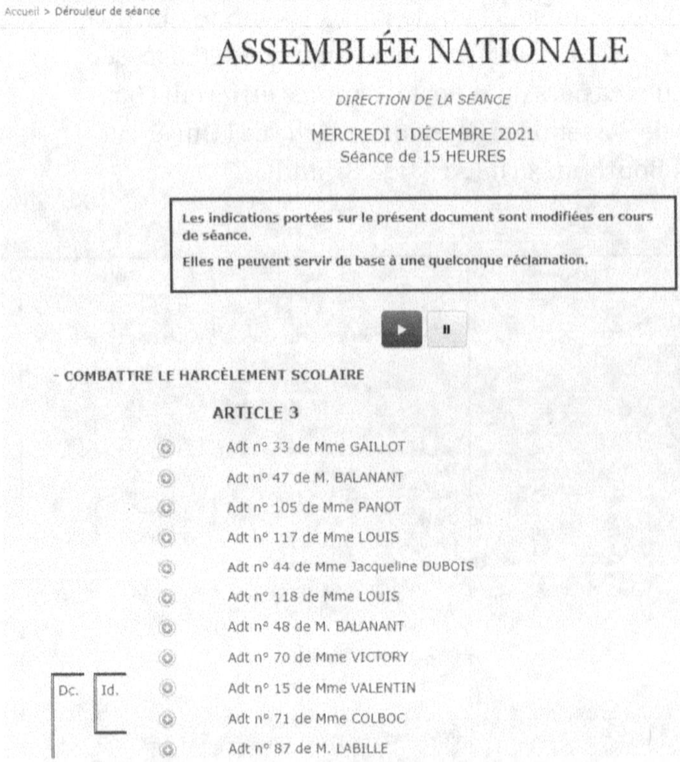
Accueil > Dérouleur de séance

ASSEMBLÉE NATIONALE

DIRECTION DE LA SÉANCE

MERCREDI 1 DÉCEMBRE 2021
Séance de 15 HEURES

Les indications portées sur le présent document sont modifiées en cours de séance.

Elles ne peuvent servir de base à une quelconque réclamation.

- COMBATTRE LE HARCÈLEMENT SCOLAIRE

ARTICLE 3

Adt n° 33 de Mme GAILLOT
Adt n° 47 de M. BALANANT
Adt n° 105 de Mme PANOT
Adt n° 117 de Mme LOUIS
Adt n° 44 de Mme Jacqueline DUBOIS
Adt n° 118 de Mme LOUIS
Adt n° 48 de M. BALANANT
Adt n° 70 de Mme VICTORY
Dc. Id. Adt n° 15 de Mme VALENTIN
Adt n° 71 de Mme COLBOC
Adt n° 87 de M. LABILLE

Également en ligne sur le site de l'Assemblée nationale, et sur l'application *Elias*, la feuille jaune permet de suivre en temps réel le déroulé de la discussion en séance publique. Les amendements sont inscrits dans leur ordre de passage ; les amendements identiques sont soulignés afin de les identifier immédiatement. En revanche, le nombre d'amendements par article n'y figure pas, ce qui pourrait simplifier la tâche, sur certains textes pour lesquels il y a un grand nombre d'amendements...

Bon à savoir

La feuille verte ne concerne que l'ordre du jour de la séance publique et non celle des commissions. Pour les commissions, il faut se référer aux convocations et à l'ordre du jour prévisionnel qui anticipent les textes examinés dans les semaines à venir. La feuille verte s'avère déterminante pour le délai de dépôt des amendements en séance publique. Par exemple, si un texte est discuté un mardi en séance, le délai de dépôt sera le plus souvent le jeudi de la semaine précédente. Les délais de dépôt étant de plus en plus courts, il faut surveiller avec attention les actualisations de la feuille verte.

On peut aussi s'appuyer sur un autre document, également édicté par la direction de la séance : l'organisation de la discussion des textes inscrits à l'ordre du jour. Dans ce document, il y a le titre du projet de loi, le temps de parole de l'orateur, le temps de parole de chaque groupe, et la date limite d'inscription des orateurs et des amendements.

L'INCONTOURNABLE ELOI

Au Sénat, les amendements sont adressés par leur auteur par la voie numérique, *via* la base AMELI, à la direction de la séance. Celle-ci leur attribue un numéro de dépôt, procède le cas échéant à leur mise en forme et, si la commission des Finances confirme leur recevabilité financière, les diffuse (sur le site Internet du Sénat et sous forme papier) et les classe en fonction de l'ordre dans lequel ils seront discutés.

À l'Assemblée nationale, le dépôt des amendements en séance publique se fait exclusivement de manière dématérialisée, par l'intermédiaire d'Eloi, application informatique accessible en se connectant à http ://eloi depuis le réseau de l'Assemblée nationale ou https :// portail.assemblee-nationale.fr depuis Internet. Le dépôt des amendements, en séance publique comme en commission, n'est plus possible par l'envoi de courriels depuis la mise en ligne des applications.

Chaque député a reçu, lors de son accueil à l'Assemblée nationale, un code personnel composé d'un identifiant et d'un mot de passe permettant d'accéder aux différentes applications, notamment Eloi. Les collaborateurs de député reçoivent leurs propres identifiants et mot de passe dès la prise en compte de leur recrutement. Ils peuvent alors utiliser l'application et déposer des amendements, dès lors que leur député leur a délégué ce droit en cochant la case « Eloi », dans l'application de délégation des droits des députés. L'application « Eloi » ne doit pas être confondue avec « Eliasse ». L'application informatique Eliasse permet de consulter, de manière dématérialisée, l'intégralité du dérouleur et l'ensemble des amendements en discussion en commission ou dans l'Hémicycle. Elle offre également la possibilité de suivre, automatiquement et en temps réel, le fil de la discussion des amendements sur un texte donné en indiquant l'ordre d'appel des amendements et leur sort à l'issue de leur examen. Elle est accessible, sans mot de passe, depuis une tablette ou un ordinateur.

Voici ce à quoi ressemble l'interface d'Eloi quand on l'ouvre : sur la partie de gauche, on peut voir un tableau de bord avec les projets et propositions de loi en discussion ou discutés récemment (avec des sous-onglets pour les commissions et les séances). À droite, les textes sont rangés par commission puis par ordre de passage en séance. Apparaissent le nom du projet de loi, le numéro, l'indication du type de saisie de la commission (au fond ou pour avis), le délai de dépôt et les états des amendements :

> ➲ « En conception » : les amendements sont en cours d'élaboration et n'ont pas encore été déposés. Cet onglet ne prend en compte que les amendements écrits (et non déposés encore) du député. C'est ce qu'on pourrait appeler le brouillon de l'amendement. On ne voit pas si d'autres députés sont dans le même cas. En

revanche, pour le reste, Eloi répertorie toutes les informations, concernant les amendements et donc même ceux déposés par d'autres députés.

➲ « En traitement » : ils sont en train d'être étudiés par les administrateurs pour vérifier l'écriture du dispositif ou différents types de recevabilité.

➲ « En recevabilité » : les administrateurs étudient spécifiquement la recevabilité de l'article 40.

➲ « Irr. Art. 40 » : les amendements sont déclarés irrecevables sur le fondement de l'article 40 de la constitution.

➲ « À discuter » : les amendements vont être soumis à discussion en séance ou en commission.

➲ « Discuté » : les amendements ont reçu un sort en séance ou en commission.

➲ « Retiré » : l'amendement a été retiré par son auteur. Dans ce cas, l'auteur ne souhaite pas soumettre au vote son amendement. Il peut décider de le faire avant ou pendant la discussion de son amendement.

➲ Il y a également un onglet « Sort », qui permet de savoir ce qui s'est passé en séance ou en commission : rejeté, retiré, non soutenu ou adopté...

Bon à savoir

Il est important de bien comprendre la distinction entre « créateur » d'un amendement et « auteur ». Le « créateur » est la personne qui exécute l'action dans Eloi. « L'auteur » est la personne qui apparaît en tant qu'auteur sur l'amendement.

Pour un amendement de député : le créateur est un collaborateur ou le député lui-même, l'auteur est toujours le député.

Pour un amendement d'un rapporteur sur un texte : le créateur est un fonctionnaire de la commission, l'auteur est un rapporteur de la commission, que ce soit en commission ou en séance.

Pour un amendement de groupe : le créateur est un collaborateur du groupe, l'auteur est un député (membre du groupe).

Pour un amendement du Gouvernement : le créateur est un commissaire du Gouvernement, l'auteur est toujours le Gouvernement.

COMMENT DÉPOSER UN AMENDEMENT ?

La maîtrise d'Eloi se fait très rapidement. On y accède de chez soi, comme à l'Assemblée, celle-ci fonctionnant 24 heures sur 24. On peut donc déposer des amendements à 23h (si on est dans le respect du délai de dépôt), sans aucune difficulté. Assez didactique, l'application est bien faite, à part quand elle dysfonctionne… C'est assez rare, mais cela peut arriver, surtout lorsqu'il y a un texte important et beaucoup de connexions simultanées.

Pour le dépôt même d'amendement, voici à quoi ressemble l'interface :

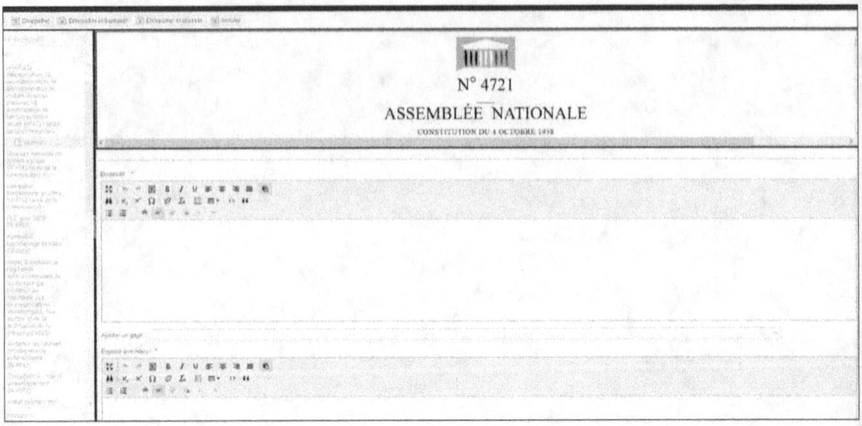

Apparaît le numéro du projet de loi. On choisit l'article dans le dispositif (ou on crée un article additionnel). Une ligne spéciale permet de rajouter le gage. Enfin, un cadre spécifique est prévu pour l'exposé sommaire. Pour que l'amendement soit en conception – mode brouillon – il faut avoir choisi l'article, et mis du contenu dans le dispositif et l'exposé sommaire (même deux lettres). On peut ainsi enregistrer l'amendement avant dépôt.

Le bouton « Déposer » de la barre d'outils de la grille est accessible uniquement dans les cas suivants : si aucun amendement n'est sélectionné dans la grille, mais qu'il existe au moins un amendement dans l'état « À déposer » sur le texte ; si tous les amendements sélectionnés dans la grille sont dans l'état « En conception ». Le texte du bouton « Déposer » est présenté en rouge et en gras. Pour déposer un amendement, vous devez :

1. Cliquer sur le bouton « Déposer » de la barre d'outils. Une fenêtre de validation, listant les amendements à déposer vous est proposée ;

2. Cliquer sur le bouton « Oui » pour confirmer.

La suppression ou le retrait d'amendement sont possibles à tout moment pendant le cycle de vie de l'amendement tant qu'il n'a pas été discuté. On peut donc retirer l'amendement jusqu'à ce qu'il soit appelé par le président de la commission ou de la séance. La modification d'un amendement pourra entraîner, selon le stade de son cycle de vie, la mention « Rect.» à côté de son numéro. Si votre demande de modification est acceptée par le service de la séance, la nouvelle version sera automatiquement substituée à l'ancienne. Si elle est refusée, c'est donc la version initiale de l'amendement qui sera à discuter. Il est possible, le cas échéant, de procéder à son retrait. Attention, lorsqu'un amendement est déposé, il est compliqué de le modifier si le délai de dépôt est dépassé. Si ce n'est pas le cas, il n'y a pas de difficulté à changer le dispositif ou l'exposé sommaire. Si le délai est dépassé, les administrateurs effectueront un contrôle pour vérifier que la modification ne change pas la substance du dispositif...

Bon à savoir

Pour écrire un amendement, pas besoin d'attendre l'ouverture du dépôt sur Eloi (qui peut ne pas être accessible immédiatement). On peut l'écrire sur un document Word, en respectant trois principes : l'article (ou article additionnel), le dispositif, l'exposé des motifs. Il suffira ensuite de faire un copier-coller quand on souhaitera déposer sur Eloi. On peut également préparer un grand nombre d'amendements, les enregistrer et attendre avant de les déposer que le député les ait validés. Ceci permettra d'aller plus vite en attendant la validation finale de la part du parlementaire. En outre, cela permet également d'être moins pressé par le délai de dépôt en cas de mauvais fonctionnement d'Eloi. Car il peut arriver que sur certains textes, la plateforme soit saturée pendant quelques minutes, qui peuvent s'avérer très précieuses...
En revanche, le moment du dépôt est également important : pour des amendements identiques, c'est le premier

à être déposé qui sera discuté en priorité. Il peut donc être pertinent de déposer le plus rapidement possible les amendements sur un texte si le député veut absolument prendre la parole dessus. Autrement dit : plus le dépôt est tardif, plus l'amendement sera inscrit tard avec le risque que des amendements potentiellement similaires soient repris par d'autres députés et déposés. Il peut donc être utile de les préparer, de les enregistrer et de les déposer le plus tôt possible, pour qu'ils figurent en premier dans la discussion. Cela dépend de la stratégie que préfère le député.

LE DÉLAI DE DÉPÔT

Le délai de dépôt est un moment stressant pour le collaborateur : s'il le dépasse, il ne peut plus déposer d'amendements sur l'application Eloi. Attention : quand Eloi indique 17h, il est impossible de déposer des amendements à 17h01. Avant la quatorzième législature, le dépôt se faisait par e-mails : il était alors parfois possible de négocier avec les agents et les administrateurs. Mais depuis l'application, l'horaire et le dépôt sont bloqués. On ne négocie pas avec Eloi. Autrement dit : après l'heure, ce n'est plus l'heure. Si on dépasse ce délai, on ne peut plus ni déposer un amendement – il ne pourra donc pas être débattu dans l'Hémicycle ou en commission – ni ajouter de cosignataire. Certaines modifications de l'amendement sont possibles *post* délai de dépôt (en particulier dans l'exposé des motifs), mais elles seront inscrites et la modification sera visible de tous.

Comme on l'a vu plus haut, si plusieurs sources sont possibles pour connaître approximativement les délais de dépôt, seul Eloi donne une information fiable. Toutefois, l'application Eloi n'est pas accessible aux personnes extérieures à l'Assemblée nationale (lobbyistes, associations, société civile...), ce qui explique peut-être que leurs amendements arrivent parfois après la fin du délai de dépôt. À noter également que des amendements proposés par mail à 16h par des représentants d'intérêts alors que le délai de dépôts est à 17h auront peu de chances d'être repris. Le député et le collaborateur sont déjà pris par le temps : ils peuvent avoir à réaliser précipitamment des modifications sur leurs amendements, voire à en écrire d'autres et gérer les dépôts et les cosignatures. Ils n'ont matériellement pas le temps d'étudier les amendements qui leur sont soumis à la dernière minute.

Ce temps entre le dépôt des amendements et l'examen en séance ou en commission permet aux administrateurs de regarder leur forme et leur fond, de déterminer s'ils sont recevables ou non... Il est donc nécessaire même s'il est parfois très critiqué. Et ce particulièrement entre l'examen en commission d'un texte et son examen en séance publique.

La discussion et l'étude des amendements en commission peuvent parfois s'éterniser et terminer un jeudi soir tard, alors que le travail reprend en séance publique le mardi après-midi. Le collaborateur aura généralement peu de temps pour amender le texte de la commission. Pour rappel : le texte en séance est celui de la commission[1]. Les amendements doivent donc porter sur ce qui a été voté en commission. Le collaborateur doit ainsi attendre que le texte élaboré en commission soit accessible en ligne pour en préparer de nouveaux ou redéposer ceux qui n'ont pas été adoptés. Ce texte n'arrive généralement pas avant le vendredi matin si la commission s'est terminée le jeudi soir. Le délai est

1. Sauf pour les trois exceptions mentionnées plus haut.

alors souvent le vendredi à 17h, voire le samedi à 12h. On peut d'ailleurs noter des récurrences : l'horaire maximal de dépôt est fréquemment un jeudi à 17h. S'il s'agit d'une niche d'un groupe d'opposition qui a lieu le jeudi en séance, alors le délai de dépôt sera repoussé au lundi 17h de la même semaine.

Bon à savoir

Essayer de garder une marge de manœuvre. Pour maximiser vos chances de dépôt des amendements, prenez le temps de les écrire le plus tôt possible et de les enregistrer dans Eloi, même si vous ne validez le dépôt qu'à la dernière minute. De même, pour avoir des cosignataires, pensez à envoyer vos amendements dès que vous pouvez. Vous pouvez, en outre, indiquer que les parlementaires peuvent cosigner jusqu'à 16h, même si le délai de dépôt s'arrête à 17h. Ce laps de temps permet de traiter les réponses au fur et à mesure ; car si vous recevez tous les e-mails de cosignature à 16h45, vous ne pourrez pas tous les traiter. Idem, si un député répond qu'il cosigne leurs amendements à 16h55, il a peu de chance que son nom soit inscrit.

À QUOI SERVENT LES COSIGNATURES ?

L’amendement comporte bien évidemment le nom de l’auteur, avec potentiellement des cosignataires. Il ne faut donc pas confondre le député porteur de l’amendement et ceux qui le soutiennent. Pour connaître l’auteur, celui qui a décidé de déposer l’amendement, il suffit de regarder le premier nom. Pour ajouter ou supprimer des cosignataires, il faut cliquer sur l’onglet approprié :

-  : Modification des cosignataires
-  : Modification des cosignataires en masse

En premier lieu, les cosignataires peuvent défendre l'amendement lorsque le député n'est pas présent. C'est même leur fonction première. Si l'amendement n'est pas cosigné, et que le parlementaire est absent, en séance ou en commission, il ne pourra donc ni être débattu, ni défendu, ni voté. Il est d'ailleurs conseillé, lors du passage en commission, de faire cosigner les membres de la commission en priorité, car ce sont eux qui pourront défendre l'amendement. Ensuite, le député peut l'envoyer à tous les membres de son groupe pour la séance.

Les cosignataires peuvent également représenter un marqueur politique : un nombre important de cosignataires témoigne de l'importance de l'amendement et renforce donc sa légitimité. On peut aussi noter les affinités politiques en fonction des cosignataires : ce sont souvent toujours les mêmes qui cosignent les amendements de certains députés.

Enfin, la cosignature permet au député de montrer une grande activité au sein du Parlement. Ces chiffres sont généralement utilisés pour communiquer en circonscription, particulièrement en fin de mandat. À noter que le site *nosdeputes.fr* distingue maintenant les amendements proposés par les députés des amendements qu'ils ont cosignés.

Ses amendements

Consulter tous ses amendements

Proposés		Signés
854	**Total**	**12693**
9	adoptés	341
280	rejetés	6321
32	tombés	597
46	retirés	1298
255	non soutenus	1994
196	irrecevables	1923
36	en attente	219

Cette distinction n'était pas présente lors de la XIVème législature. Aujourd›hui, il y a donc une plus grande visibilité sur l'état des amendements déposés et leur traitement. Trois points en particulier doivent attirer l'attention : d'abord le nombre d'amendements adoptés (à mettre en perspective avec le nombre d'amendements déposés), ensuite le nombre d'amendements non soutenus (qui montre que le député n'était pas présent pour les défendre, ou aucun de ses collègues cosignataires). Enfin, le nombre d'amendements irrecevables indiquerait que le député a présenté des amendements qui ne sont pas en relation avec le texte, et on peut donc se poser la question de l'efficacité des dispositifs qu'il proposait, mais ce chiffre donne également des informations sur les instructions que reçoit la séance par la présidence de l'Assemblée, qui limite de plus en plus les parlementaires dans leur exercice du droit d'amendement (voir la nouvelle application de l'article 45...).

À noter que pendant la période de la Covid 19, l'Assemblée nationale était soumise à des règles extraordinaires de défense des amendements. Dans ce cas particulier, il n'était pas nécessaire de faire cosigner l'amendement pour qu'il puisse être défendu en séance. Il suffisait qu'un collègue du même groupe prenne la parole. En commission, les règles dépendaient des présidents de commission.

Bon à savoir

Généralement, les députés font cosigner les membres de leur groupe politique, pour plus de cohérence. Mais il peut arriver que les cosignataires appartiennent à différents groupes. C'est par exemple le cas des amendements portés par un groupe d'étude parlementaire, qui se veulent alors transpartisans. L'idée est de montrer que le dispositif et le contenu de l'amendement n'émanent pas d'un parti en particulier mais plutôt qu'ils défendent une cause précise, acceptée et soutenue par tous les courants. Cela renforce la légitimité et le poids de l'amendement.
Autre astuce : on peut toujours retirer le nom de cosignataires jusqu'à ce que l'amendement soit appelé. Cette information a une double importance :

- Vous pouvez retirer le nom du député qui a cosigné par mégarde un amendement qu'il ne souhaitait pas jusqu'à la dernière minute.
- Vous pouvez avant la fin du délai de dépôt mettre tous les noms des députés du groupe, puis retirer tranquillement après ce délai les personnes qui n'ont pas répondu positivement à la cosignature.

OBSTRUCTION OU EXPRESSION : LE DÉPÔT D'UN TRÈS GRAND NOMBRE D'AMENDEMENTS

Lorsqu'un parlementaire souhaite déposer un grand nombre d'amendements presque identiques sur un même texte, il existe un onglet spécifique dans Eloi, prévu à cet effet pour simplifier le travail : enregistrer (l'amendement) et le dupliquer.

Cet onglet se trouve tout en haut à gauche, à côté d'enregistrer, lors de l'écriture de l'amendement sur Eloi. Il peut servir pour dupliquer une fois un amendement : changer un chiffre, un mot ou une date, mais on peut renouveler cette action à de multiples reprises sur un amendement. Il faut juste que le dispositif soit un peu différent.

Cette technique est souvent associée à **l'obstruction parlementaire** : le dépôt d'un très grand nombre d'amendements freine le déroulé du débat. En 2006, pas moins de 137 449 amendements ont été déposés, presque en totalité par la gauche, contre le projet de fusion Suez-GDF : 43 693 amendements par le Parti socialiste, 93 654 par le Parti communiste français pour s'opposer *« à l'émergence d'un pôle puissant dans le domaine gazier en Europe »*. Autres exemples : près de 15 000 amendements déposés en 2005 au projet de loi de régulation des activités postales ; ou encore plus de 5 000 amendements au projet de loi sur le mariage pour tous en 2013.

➲ Bon à savoir

En juillet 2018, s'arrêtait en pleine première lecture à l'Assemblée nationale le projet de loi constitutionnelle pour une démocratie plus représentative, responsable et efficace. L'actualité et le temps médiatique eurent raison de la procédure législative. Les parlementaires de l'opposition ont vu d'un bon œil ce report de la réforme, et encore plus sa remise aux calendes grecques, car cette réforme prévoyait notamment d'encadrer - ou plutôt de limiter- leur droit d'amendement. Même si ce point fut moins commenté dans les médias que d'autres dispositions, il posait en réalité une véritable question sur la place des parlementaires et les droits de l'opposition dans la Vème République, risquant de les museler au profit, bien évidemment, de la majorité et de l'urgence procédurale.
Pourtant, c'est bien mal connaître le politique de croire que tout cela était enterré. Si la réforme est sortie par la porte, la limitation du droit d'amendement est revenue par la fenêtre. Le président de l'Assemblée nationale, Richard Ferrand, a proposé une modification du Règlement de l'Assemblée qui reprenait une partie des idées défendues par le projet de loi constitutionnelle.

LE CAS PARTICULIER DU PROJET DE LOI DE FINANCES

Chaque année, à l'automne, le Parlement examine le projet de loi de finances. Il est examiné en commission dès le mois de septembre et en séance publique en octobre et en novembre. Ce texte est régi par des règles strictes, fixées par la Constitution et la Loi organique relative aux lois de finances (LOLF) :

Ainsi, la loi de finances est **exclusivement d'origine gouvernementale** : elle ne peut résulter que d›un projet de loi, jamais d'une proposition de loi. Ce projet doit être **obligatoirement déposé en premier lieu à l'Assemblée nationale, avant le 1er octobre** de l›année précédant l›exercice auquel il se rapporte. Attention, début octobre le texte passe en séance. Donc l'étude en commission se fait plutôt fin septembre, voire mi-septembre.

Le projet de loi de finances doit comporter deux parties :

➲ La première partie est consacrée aux recettes : elle autorise la perception des impôts, évalue les recettes, fixe les plafonds des dépenses et arrête les données générales de l'équilibre budgétaire.

➲ La seconde partie est dédiée aux dépenses : elle établit et fixe les crédits pour chacune des missions de l'**État** ainsi que le plafond des dépenses par ministère. Une mission correspond à un ensemble de programmes relatifs à une même politique publique ; elle peut concerner un seul ministère (mission Santé par exemple) ou plusieurs ministères (mission Aide publique au développement, dont les crédits relèvent des ministères des Affaires étrangères, de l'Économie et de l'Intérieur).

Le Parlement dispose d'un délai maximal de 70 jours pour statuer sur le projet de loi de finances.

Les amendements portant sur la première partie, sur les articles rattachés et sur les articles non rattachés ne présentent aucune spécificité : ils suppriment l'article, un paragraphe, un alinéa, des mots (dates, références, valeurs, nombres, montants...) ; ils remplacent, insèrent, complètent... comme pour tout autre projet de loi.

Les amendements sur la deuxième partie du PLF sont plus spécifiques. Ces amendements visent à modifier les tableaux recensant les crédits affectés aux différentes missions du budget de l'État. Ils peuvent avoir pour objet de réduire les crédits affectés à une mission, en diminuant les crédits des différents programmes qui la composent, ou modifier la ventilation des crédits entre les différents programmes d'une même mission, **sans que cette modification ait pour effet d'augmenter la somme totale des crédits de cette mission**.

À la différence d'un amendement standard, pour un amendement de crédits, le dispositif est remplacé par un tableau correspondant à la structure de la mission propre au PLF. Ce tableau est composé des éléments suivants :

- ➲ une colonne de boutons permettant l'ajout et la suppression de lignes de programme et de lignes de crédit ;
- ➲ une colonne regroupant les intitulés des lignes de programme et des lignes de crédit ;
- ➲ une colonne permettant de saisir les montants des autorisations d'engagements ouvertes ;
- ➲ une autre permettant de saisir les montants des crédits de paiements ouverts ;
- ➲ une colonne permettant de saisir les autorisations d'engagements annulées ;
- ➲ une colonne permettant de saisir les crédits de paiement annulés.

Les valeurs pour les nouvelles autorisations d'engagements et les nouveaux crédits de paiement sont égales à zéro.

Une légende explicative sur la fonction de chaque bouton est située en haut à droite de celui-ci :

-  : Ajout d'une nouvelle ligne de programme ;
-  : Ajout d'une nouvelle ligne de crédit ;
-  : Suppression d'une ligne (ligne de programme ou ligne de crédit) ;
-  : Restaurer une ligne de programme.

Bon à savoir

Contrairement aux autres projets de loi, le texte examiné par l'Assemblée nationale en séance publique est le texte du Gouvernement et non le texte établi par la commission saisie au fond, c'est-à-dire la commission des Finances. Par conséquent, il est possible de redéposer en séance publique tous les amendements qui n'auraient pas été adoptés ou examinés. Si l'on souhaite déposer un grand nombre d'amendements, il est également possible de reprendre ceux préparés les années précédentes, en les actualisant si nécessaire. Cela permet de « faire du chiffre », autrement dit d'augmenter ses statistiques sur les amendements. Les articles non rattachés permettent d'ailleurs une grande liberté de débat et de dépôt. C'est souvent un moment important, en particulier pour les députés de l'opposition. Pour rappel, le Gouvernement peut engager sa responsabilité sur le vote du PLF devant l'Assemblée nationale (ainsi que le PLFSS). La procédure de l'article 49 alinéa 3 de la Constitution pourra également être utilisée pour un autre projet ou proposition de loi de la session.

LES SOUS-AMENDEMENTS : AMENDER UN AMENDEMENT

Les sous-amendements portent, non pas sur le texte en discussion lui-même, mais sur les amendements qui sont présentés à ce texte. En conséquence, le sous-amendement doit mentionner le numéro et l'auteur de l'amendement auquel il s'applique. Lorsque cet amendement est cosigné par plusieurs auteurs, il suffit de mentionner le nom du premier signataire. Il peut être déposé par un député, un sénateur, un groupe mais également par le Gouvernement.

Sous-amendement n°928 — Discuté

Déposé le **vendredi 28 juin 2019**

Dossier législatif | Compte rendu | Version XML | Version JSON | Version PDF | Version HTML

- **Texte visé :** Texte n° 2063, adopté par la commission, sur le projet de loi relatif à l'énergie et au climat, (n°1908 et lettre rectificative n°, 2032)
- **Stade de lecture :** 1ère lecture (1ère assemblée saisie)
- **Examiné par :** Assemblée nationale (séance publique)
- **Amendement parent :** Amendement n°860 (2ème Rect)

ADOPTÉ

(vendredi 28 juin 2019)

Déposé par : Le Gouvernement

APRÈS L'ARTICLE 6, insérer l'article suivant:

Après l'alinéa 10, insérer l'alinéa suivant :

« Un décret en Conseil d'État précise les modalités d'application du présent article. »

Exposé sommaire

Le présent sous-amendement prévoit l'introduction d'un décret en Conseil d'État pour préciser les dispositions relatives aux communautés d'énergie renouvelable.

Plusieurs règles sont à connaître :

➲ Sa forme ressemble à celle d'un amendement. Le délai limite pour le dépôt des amendements n'est pas opposable aux sous-amendements[1]. Il est donc possible de sous-amender, alors que le délai de dépôt des amendements est clos. En

1. Loi organique n° 2009-403 du 15 avril 2009, art. 13.

revanche, **l'amendement sous-amendé ne doit pas avoir été discuté**.

➲ Le sous-amendement ne doit pas avoir pour effet de contredire le sens de l'amendement auquel il s'applique ; si tel est le cas, il est alors irrecevable et la modification proposée doit faire l'objet d'un amendement, sous réserve du respect des règles relatives au délai limite pour le dépôt des amendements.

➲ Un sous-amendement ne peut pas être un amendement de suppression, supprimant l'amendement auquel il fait référence.

➲ Son objet ne peut accroître le champ de l'amendement. Par exemple, si l'amendement prévoit qu'un rapport doit être remis au bout de six mois, le sous-amendement ne peut pas en théorie rallonger le délai à un an.

➲ Le sous-amendement peut préciser un terme, ou un champ en particulier. Il peut être également rédactionnel ou de cohérence avec les articles adoptés.

➲ L'article 40 de la Constitution s'appliquant aux sous-amendements, ceux-ci ne sont diffusés qu'après instruction de leur recevabilité financière par la commission des Finances.

➲ Un sous-amendement ne peut être à son tour sous-amendé.

➲ Un député ou un sénateur ne peut pas sous-amender son propre amendement. Il peut, en revanche, faire l'objet d'une rectification.

Voici les explications disponibles sur le dépôt par le guide Eloi de l'Assemblée nationale :

Fonctionnellement, un sous-amendement est un amendement apporté à un amendement existant appelé « amendement parent ».

⚠ **Note à l'intention des groupes et des commissions : il est impératif de saisir l'auteur du sous-amendement avant de sélectionner l'amendement parent (un auteur ne pouvant sous-amender un de ses amendements).**

Suivre les étapes suivantes pour créer un sous-amendement :

1) Cliquez sur l'icône « Sous-amendement » de la barre d'outils de la grille.

2) Cela génère dans la zone 3 l'affichage d'un formulaire vierge permettant la saisie des caractéristiques d'un sous-amendement. La zone 2 est vide tant que l'amendement parent n'a pas été précisé.

3) Saisie de l'auteur et des cosignataires : cette saisie s'effectue de la même façon que pour un amendement standard.

4) Saisie de l'amendement parent : vous devez indiquer ici quel est l'amendement parent. La liste déroulante propose l'ensemble des amendements dans l'état « A discuter » dont l'auteur est différent de celui du présent sous-amendement. La saisie de ce champ provoque l'affichage de l'aperçu de l'amendement parent en zone 2. NB : la position d'un sous-amendement est forcément identique à celle de son parent, c'est pourquoi les champs « Division » et « Alinéa » ne sont pas accessibles en création de sous-amendement.

5) Pour les autres champs, la saisie est identique à celle d'un amendement standard.

6) L'enregistrement et le dépôt se font également dans les mêmes conditions.

Bon à savoir

Le sous-amendement peut permettre à un parlementaire de l'opposition de marquer son désaccord vis-à-vis d'un amendement de réécriture, déposé en dernière minute par le Gouvernement. Par exemple, lors de l'examen de l'article 56 du projet de loi « 3Ds », relatif à la Métropole d'Aix-Marseille Provence, le Gouvernement a déposé un amendement long d'une cinquantaine d'alinéas qui réécrivait intégralement l'article. L'examen de cet amendement a monopolisé l'ensemble des débats de ce soir-là, ce qui est tout à fait inhabituel. En cause notamment les 63 sous-amendements - un nombre exceptionnellement élevé selon la Présidente de séance, Annie Genevard - que les députés ont dû examiner.

LE RÔLE CLÉ DES ADMINISTRATEURS

Les administrateurs de l'Assemblée nationale et du Sénat sont des **hauts fonctionnaires, exclusivement recrutés par un concours administratif de catégorie A+**, considéré comme l'un des plus difficiles de l'administration avec le concours de l'ENA. Il existe plusieurs catégories et plusieurs services. Ce sont eux qui sont en charge du bon fonctionnement des chambres et restent en place, pendant que les élus, tributaires des élections, passent.

Concernant les amendements, les administrateurs ont un rôle clé : ils les trient, les classent dans l'ordre du débat, mais également contribuent à une meilleure écriture. Ils vérifient également leur éligibilité à l'article 40 et l'article 45. Certaines fois, les députés et les collaborateurs pestent contre eux, les considérant comme des censeurs non élus, mais ils sont plutôt une excroissance du Conseil constitutionnel, faisant fonctionner la boutique et respecter les règles.

Concernant par exemple l'article 40, sous l'ancienne législature, quatre ou cinq administrateurs de la commission des Finances se retrouvaient sur chaque texte pour discuter de l'applicabilité de la règle. Ils étudiaient tous les amendements de façon collégiale, dans l'ordre du texte. Parfois, cela va très vite (amendements de suppression par exemple, amendements identiques) et certaines fois ils s'arrêtent et prennent le temps de discuter de la recevabilité. Souvent, l'un d'eux est spécialisé dans un domaine précis : collectivités locales, projet de loi finances de sécurité sociale, etc. Et c'est lui qui a le dernier mot dans ce cas-là. Ce filtre s'effectue généralement pendant le week-end, les administrateurs étant donc d'astreinte.

Ils s'appuient notamment sur les guides de légistique accessibles sur l'intranet, le logiciel Eloi également une base de données, ainsi que des rapports d'informations : depuis 1971 et à intervalles irréguliers, plusieurs Présidents de la commission des Finances ont publié un rapport d'information présentant les conditions dans lesquelles ils ont mis en œuvre le contrôle de la recevabilité financière des initiatives parlementaires. Le dernier rapport en date faisant référence sur le sujet est celui de Gilles Carrez (XIVème législature, n° 4546).

Il est arrivé que certains amendements de nature réglementaire soient discutés dans le domaine législatif sans que l'administrateur le considère comme irrecevable. Leur vigilance sur le sujet dépend beaucoup du temps dont ils disposent entre la fin du délai de dépôt et le commencement de l'étude du texte en commission et en séance.

Bon à savoir

Bien connaître un administrateur peut s'avérer très utile. Les administrateurs, les collaborateurs et les députés n'ont pas nécessairement de lien direct. Mais il peut arriver que sur une mission d'information, ou un groupe d'études, ils aient l'occasion de travailler ensemble. Il faut garder à l'esprit que les administrateurs sont des femmes et des hommes d'une grande qualité, à la fois humaine et professionnelle. Dans tous les cas, un député ou un collaborateur peuvent saisir en amont du dépôt des administrateurs de leur commission pour leur demander un avis sur un amendement. La plupart du temps, s'ils ont le temps matériel, ils font des remarques très pertinentes, permettent de rédiger un bien meilleur amendement, voire aident à trouver le moyen de contourner certains filtres (article 40 etc.).

LA DÉFENSE DE L'AMENDEMENT

RÈGLES RELATIVES À LA DISCUSSION D'UN AMENDEMENT

Si un parlementaire a déposé un amendement en commission permanente ou en séance publique, il doit le défendre s'il veut le voir adopté.

L'ordre de discussion des amendements est important, puisque l'adoption d'un amendement a pour conséquence de faire « **tomber** » ceux qui proposent des solutions concurrentes ou similaires. Les députés ne peuvent alors plus les défendre et donc s'exprimer sur le sujet débattu.

La méthode de classement des amendements utilisée par les commissions et la séance est déterminée par le Règlement de l'Assemblée nationale et celui du Sénat. Elle repose sur la combinaison de deux principes :

➲ D'un point de vue formel, l'ordre de classement doit aller **du général au particulier** : une suppression d'article est appelée avant celle d'un alinéa, et celle-ci avant celle d'une phrase, qui précède elle-même une simple suppression de mots, etc. C'est assez logique, car si un article du projet de loi est supprimé, il n'y a plus d'intérêt ni d'utilité à étudier les amendements qui éliminent seulement un alinéa...

➲ En ce qui concerne le sens des amendements, ils sont mis aux voix en commençant par ceux qui s'écartent le plus du texte proposé. Puis viennent ceux qui s'y opposent, s'y intercalent ou s'y ajoutent.

Il faut également savoir que :

➲ Les amendements déposés par le Gouvernement ou la commission saisie au fond bénéficient **d'une priorité de discussion** par rapport à ceux des députés ayant un objet identique.

➲ À l'Assemblée nationale comme au Sénat, le règlement permet au président de séance de soumettre à **une discussion commune** les amendements « **exclusifs** » l›un de l›autre, déposés par différents députés. Cette procédure permet de discuter chacun de ces amendements avant de procéder à leur mise aux voix respectives selon l'ordre réglementaire. Ainsi, les auteurs des solutions rivales peuvent faire valoir leur point de vue, quel que soit le vote réservé à l'amendement[1].

➲ À l'Assemblée nationale, les **amendements identiques**, déposés par plusieurs membres d'un même groupe, ne seront défendus que par un seul orateur de ce groupe, désigné par le président du groupe ou son représentant. Un seul vote

1. Règlement de l'Assemblée nationale, art.100, alinéa 6.

sur l'ensemble des amendements identiques a donc lieu[1].

La manière de procéder est la même, en séance publique et en commission permanente. Lors de l'examen d'un amendement, le président de séance donne successivement la parole à :

- l'auteur ou l'un des cosignataires de l'amendement pour présenter son objet et en défendre l'intérêt ; à **noter que les amendements dont les auteurs sont absents ne sont pas appelés** ;
- le rapporteur ou le président de la commission saisie au fond, qui rappelle la position de la commission ;
- le cas échéant, le rapporteur ou le président de la commission saisie pour avis ;
- le Gouvernement ;
- éventuellement, un orateur d'opinion contraire.

Le président de séance peut également donner la parole à un orateur pour répondre au Gouvernement ou à la commission. **Lorsque l'avis du Gouvernement et celui de la commission sont identiques, un seul orateur est autorisé à répondre**.

La durée des interventions sur chaque amendement **est strictement** limitée : l'un des signataires de l'amendement dispose **de deux minutes** pour le défendre ; le rapporteur de la commission, qui donne l'avis de celle-ci, et le représentant du Gouvernement,

1. Règlement de l'Assemblée nationale, art.100, alinéa 5.

qui transmet l'avis de celui-ci, disposent également de **deux minutes.** L'amendement est ensuite mis aux voix par le président de séance, qui rappelle le sens de l'avis exprimé par le Gouvernement et par la commission saisie au fond[1].

En pratique, les députés peuvent consulter la liste des amendements par ordre d'appel (la « feuille jaune »), grâce à l'application Eliasse [2].

En commission, le vote se fait à main levée. C'est aussi généralement le cas en séance publique. En cas de difficulté pour compter les voix, le président de séance peut demander aux parlementaires de se lever s'ils sont pour et de rester assis s'ils sont contre. Du perchoir, le président bénéficie d'une vue panoramique qui lui permet d'apprécier plus distinctement le nombre de députés et leur vote, alors que le résultat retransmis dans l'Hémicycle, à la télévision ou sur le site Internet porte parfois à confusion.

1. www.assemblee-nationale.fr, « L'exercice du droit d'amendement », fiche de synthèse.
2. *Idem.*

Bon à savoir

Il existe certaines pratiques procédurales pour lesquelles un amendement recevable ne peut être ni discuté ni défendu. L'article 49, alinéa 3, de la Constitution française est une arme dont dispose le Gouvernement pour faire adopter sans vote un projet ou une proposition de loi, sauf si une motion de censure est déposée dans les 24 heures et signée par au moins un dixième des membres de l'Assemblée nationale[1]. Dans ce cas, les discussions s'arrêtent et les amendements non encore débattus ne pourront plus l'être. À noter tout de même que le 49-3 peut être utilisé pour les lectures successives d'un même texte.
En outre, le Gouvernement peut également se servir du vote bloqué de l'article 44 alinéa 3 de la Constitution[2]. Avec cet outil, le Gouvernement choisit les amendements qu'il souhaite discuter et élimine par la même occasion ceux dont il ne veut pas. Ainsi, une partie des amendements – souvent déposés par l'opposition – ne sera pas débattue.

1. Article 49 alinéa 3 de la Constitution française : « *Le Premier ministre peut, après délibération du Conseil des ministres, engager la responsabilité du Gouvernement devant l›Assemblée nationale sur le vote d›un projet de loi de finances ou de financement de la sécurité sociale. Dans ce cas, ce projet est considéré comme adopté, sauf si une motion de censure, déposée dans les vingt-quatre heures qui suivent, est votée dans les conditions prévues à l'alinéa précédent. Le Premier ministre peut, en outre, recourir à cette procédure pour un autre projet ou une proposition de loi par session.* »
2. Article 44 alinéa 3 de la Constitution française : « *Si le Gouvernement le demande, l'Assemblée saisie se prononce par un seul vote sur tout ou partie du texte en discussion en ne retenant que les amendements proposés ou acceptés par le Gouvernement.* »

« QUAND MON AMENDEMENT SERA-T-IL EXAMINÉ ? »

Bonne question… à laquelle il est presque impossible de répondre ! Et pour autant, c'est une phrase très récurrente à l'Assemblée et au Sénat. Le temps de discussion dépend de beaucoup d'éléments :

➲ **Le temps législatif programmé** : depuis la révision constitutionnelle de 2008, l'Assemblée nationale peut appliquer le temps législatif programmé, c'est-à-dire définir le délai maximal d'examen d'un texte (25, 30h, etc.)[1]. Si le temps programmé s'applique sur le texte examiné, « *un temps minimum est attribué à chaque groupe, ce temps étant supérieur pour les groupes d'opposition. Le temps supplémentaire est attribué à 60 % aux groupes d'opposition et réparti entre eux en proportion de leur importance numérique. Le reste du temps supplémentaire est réparti entre les autres groupes en proportion de leur importance numérique. La conférence fixe également le temps de parole réservé aux députés non-inscrits, lesquels doivent disposer*

1. Règlement de l'Assemblée nationale, art. 49, alinéa 6.

d'un temps global au moins proportionnel à leur nombre »[1]. Le temps de parole de chaque député est décompté, à l'exception de celui du président et du rapporteur de la commission saisie au fond[2].

➲ **Du nombre de parlementaires présents en séance** : s'ils sont peu nombreux en séance, que ce soit au Sénat ou à l'Assemblée nationale, les débats iront souvent plus vite. À part si les « irréductibles » ont décidé de prolonger le débat parce qu'ils en font une question de principe sur un sujet précis.

➲ **Du nombre d'articles « réservés »** : les alinéas 4 et 5 de l'article 95 du Règlement prévoient que la discussion de certains articles peut être reportée. Cette demande est de droit à l'initiative du Gouvernement ou de la commission saisie au fond. Elle doit être motivée par des **considérations techniques** (lorsqu'il s'agit d'assurer la cohérence interne de la discussion ou quand une disposition est subordonnée au vote d'une autre, placée ultérieurement, la discussion de cet article est repoussée jusqu'au moment où la question principale aura été tranchée) ou des considérations d'opportunité (par exemple, lorsque la discussion fait apparaître que l'Assemblée n'est pas en mesure de statuer immédiatement sur les dispositions qui lui sont soumises, et qu'une réflexion est nécessaire pour aboutir à une solution satisfaisante)[3].

1. *Ibid.*, alinéa 7.
2. *Ibid.*, alinéa 9.
3. *Journal Officiel*, Débats Assemblée nationale, séance du 6 dé-

Bon à savoir

Lorsqu'un parlementaire demande à ce que son amendement soit examiné un jour précis et à une heure précise, deux solutions se présentent :

- ✶ Répondre : « Ne bougez pas, j'appelle le Gouvernement ». À ne pas faire bien sûr, il s'agit d'une boutade !
- ✶ Expliquer que personne n'a d'influence sur la vitesse des débats et qu'on ne peut que surveiller le déroulé des débats filmés ou sur la feuille jaune. Seules sont donc possibles de vagues estimations, qui avec le temps et l'expérience, s'avèrent de plus en plus justes... Il est également envisageable d'appeler la séance pour avoir une estimation. Mais les administrateurs auront tendance à avoir la même réponse : ils ne peuvent se prononcer car cela dépend de ce qui se passe dans l'Hémicycle. En revanche, on peut demander combien d'amendements passent à l'heure, ce qui permet d'obtenir une évaluation théorique, parfois malheureusement erronée.

cembre 1988, p. 3222, 3228 et 3229.

« L'AMENDEMENT NE SERA PAS EXAMINÉ DANS MA COMMISSION »

Chaque texte de loi est examiné dans l'une des huit commissions permanentes compétentes : Affaires sociales, Défense, Affaires culturelles et éducation, Affaires économiques, Affaires étrangères, Développement durable, Finances, Loi. Tous les membres de la commission permanente compétente peuvent donc déposer et voter des amendements.

Mais il arrive souvent que le projet de loi soit examiné dans une commission différente de celle dans laquelle siège l'auteur de l'amendement. Le député peut toutefois déposer des amendements, comme le prévoit l'article 86 du Règlement de l'Assemblée nationale[1]. Plusieurs éléments ressortent de cet article :

1. « *Tout député peut présenter un amendement en commission, qu'il soit ou non membre de celleci. Les amendements autres que ceux du Gouvernement, du président et du rapporteur de la commission et, le cas échéant, des commissions saisies pour avis doivent être transmis par leurs auteurs au secrétariat de la commission au plus tard le troisième jour ouvrable précédant la date de début de l'examen du texte à 17 heures, sauf décision contraire du président de la commission. La recevabilité des amendements des députés est appréciée dans les conditions prévues par le chapitre III de la présente partie* ».

➲ Chaque député n'est pas limité à sa propre commission concernant le dépôt des amendements.
➲ Le Gouvernement n'est pas soumis aux mêmes règles que les députés.
➲ Il existe une limitation dans le temps pour déposer un amendement : délai de dépôt. À noter que le Président de la commission et le rapporteur du texte ne sont, là encore, pas soumis aux mêmes règles.

Lorsqu'un député a déposé un amendement dans une commission différente de celle dans laquelle il siège, plusieurs solutions s'offrent à lui pour le défendre :

➲ Le plus souvent, **l'auteur fait cosigner ses amendements par des députés membres de la commission permanente compétente, pour que ceux-ci les défendent**. Il est recommandé d'avoir plusieurs cosignataires afin de s'assurer qu'au moins l'un d'eux soit présent pour défendre l'amendement.
➲ L'auteur de l'amendement peut également défendre ses amendements en commission, même s'il n'y siège pas. En revanche, **il ne peut pas le voter**.

Bon à savoir

Lorsque l'auteur de l'amendement ne siège pas dans la commission compétente mais qu'il souhaite le défendre et le voter, il peut demander à son groupe de changer de commission, le temps de l'examen du texte (généralement pendant deux semaines et parce qu'il est orateur du texte pour le groupe) : il s'agit du « switch ». En revanche, il faut qu'un autre parlementaire du même groupe accepte d'échanger sa place avec le député. Par exemple : si un député membre de la commission des Lois veut défendre un amendement en commission des Finances, un de ses collègues membre des Finances doit accepter de lui laisser sa place et d'aller siéger temporairement à la commission des Lois. Le chargé de mission du groupe organise le « switch » et en informe alors les services de l'Assemblée, ainsi que du retour à la normale pour que les députés retrouvent leur commission respective.
Il faut également savoir qu'il existe des commissions spécialement constituées pour examiner un texte donné, dites « commissions spéciales ». Ce fut le cas, par exemple, pour le projet de loi confortant le respect des principes de la République. La constitution d'une commission spéciale est de droit lorsqu'elle est demandée soit par le Gouvernement (article 30 du Règlement), soit par un ou plusieurs présidents de groupes représentant la majorité absolue des membres de l'Assemblée (article 32 du Règlement). Elle peut également être demandée par un président de commission permanente, un président de groupe ou au moins quinze députés (article 31 du Règlement). L'effectif des commissions spéciales est désormais fixé à 70 membres (auxquels la commission peut s'adjoindre au plus deux députés non-inscrits), le nombre de députés appartenant à une même commission permanente ne pouvant par ailleurs dépasser 34 (article 33 du Règlement). Un président de commission permanente peut désormais présider aussi une commission spéciale, ce qui était proscrit jusqu'à la réforme du Règlement du 27 mai 2009.

LES AMENDEMENTS DE GROUPE, LE POIDS DU COLLECTIF

Chaque groupe politique à l'Assemblée dispose de chargés de mission – ou conseillers – qui ont pour fonction d'assurer le suivi législatif des textes dans les commissions dont ils sont responsables.

À chaque texte, ils préparent des amendements, communs à tous les membres du groupe, déposés en commission et en séance publique. En effet, sur de nombreux textes, le groupe définit une position politique commune ; cela vaut en particulier pour l'opposition. Les amendements du groupe reflètent ainsi cette position commune.

Tous les députés sont donc considérés comme cosignataires, sauf contrordre adressé au chargé de mission.

Le délai de cosignature est souvent volontairement très court, afin que les amendements de groupe ne soient pas repris par les députés, à titre personnel, et pouvoir garder le plus grand nombre de cosignataires possibles. En effet, **un député ne peut pas avoir son nom sur deux amendements identiques**. S'il dépose le même amendement que celui du groupe, son nom est donc automatiquement retiré de la liste des cosignataires. Ce sont les administrateurs qui s'occupent de retirer les doublons.

Les amendements de groupe sont ensuite déposés par le chargé de mission ; le collaborateur n'a pas besoin de les redéposer lui-même sur Eloi.

Prenons l'exemple de l'amendement n°5 sur le projet de loi n° 2907 portant diverses dispositions urgentes pour faire face aux conséquences de l'épidémie de covid-19, dit projet de loi urgence sanitaire. L'intégralité des dix-sept députés du groupe La France insoumise l'a signé.

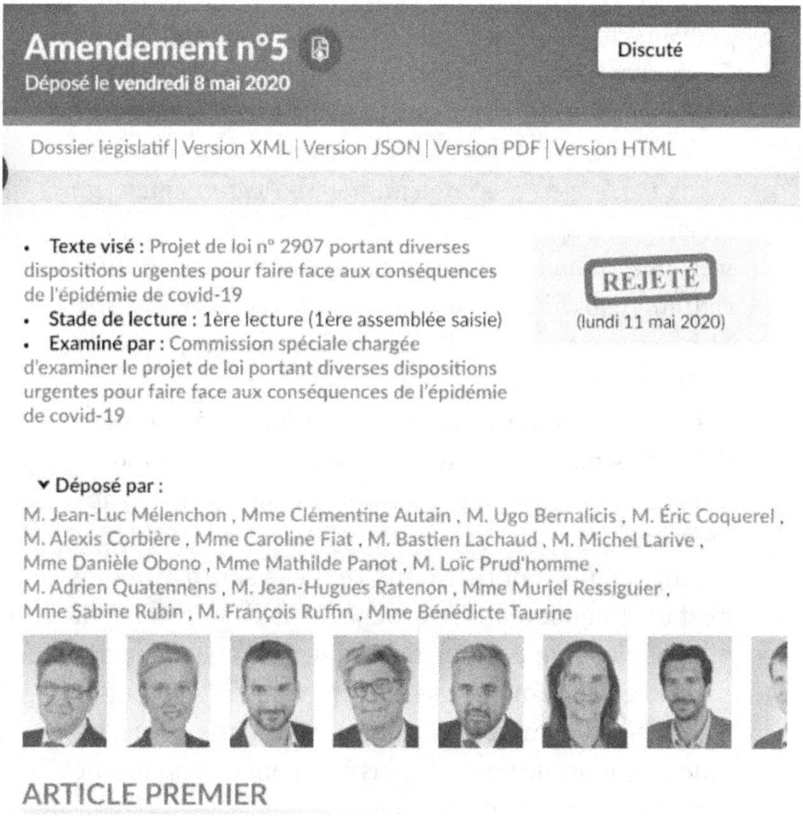

Amendement n°5
Déposé le vendredi 8 mai 2020

Discuté

Dossier législatif | Version XML | Version JSON | Version PDF | Version HTML

- **Texte visé :** Projet de loi n° 2907 portant diverses dispositions urgentes pour faire face aux conséquences de l'épidémie de covid-19
- **Stade de lecture :** 1ère lecture (1ère assemblée saisie)
- **Examiné par :** Commission spéciale chargée d'examiner le projet de loi portant diverses dispositions urgentes pour faire face aux conséquences de l'épidémie de covid-19

REJETÉ
(lundi 11 mai 2020)

Déposé par :
M. Jean-Luc Mélenchon , Mme Clémentine Autain , M. Ugo Bernalicis , M. Éric Coquerel , M. Alexis Corbière , Mme Caroline Fiat , M. Bastien Lachaud , M. Michel Larive , Mme Danièle Obono , Mme Mathilde Panot , M. Loïc Prud'homme , M. Adrien Quatennens , M. Jean-Hugues Ratenon , Mme Muriel Ressiguier , Mme Sabine Rubin , M. François Ruffin , Mme Bénédicte Taurine

ARTICLE PREMIER

Les amendements de groupe sont, pour la plupart, très politiques, comme le montre l'exposé sommaire de l'amendement n°5 : « *Par cet amendement, nous rappelons notre vive opposition à la loi d'octobre 2017 renforçant la sécurité intérieure et la lutte contre le terrorisme, dite loi SILT, qui a fait rentrer dans le droit commun les dispositions de l'état d'urgence sécuritaire, pérennisant ainsi des mesures liberticides ! M. Castaner nous avait déjà sous-entendu sa volonté de faire appliquer cette loi au-delà de sa clause de caducité prévue le 31 décembre 2020 ! Pour nous, il en est hors de question ! Cette loi nous montre depuis plus de 2 ans ses travers liberticides et son inutilité. Quelle valeur pouvons-nous accorder au rapport partial rédigé par le Gouvernement et présenté chaque année par M. Castaner au Parlement pour en présenter le bilan annuel ? À l'heure où la crise sanitaire que nous traversons a donné lieu à un nouveau régime d'exception inutile, voté par une majorité servile qui n'apporte à la crise sanitaire qu'une réponse sécuritaire, donnant des pouvoirs démesurés à l'exécutif et confinant nos libertés, nous devons plus que jamais rester alertes sur ces régimes d'exception qui finissent toujours par se normaliser* ».

Les amendements de groupe sont généralement défendus par l'orateur du groupe, mais n'importe quel cosignataire peut les défendre en cas d'absence de celui-ci.

Parfois, il est notifié dans l'exposé sommaire que c'est un amendement de groupe, afin d'appuyer le fait qu'il s'agit d'une position défendue par l'ensemble des membres du groupe. Les cosignatures intergroupes sont bien évidemment possibles. Mais dans ce cas, les amendements ne peuvent plus être considérés comme des amendements de groupe.

Il semble pertinent de souligner qu'en matière d'amendement, les usages diffèrent selon les groupes politiques. Ainsi, sous la XIVème et XVème législature, les députés de la majorité s'étaient engagés à faire valider leurs amendements par leur groupe avant de les déposer. La logique de cette pratique était d'éviter que les initiatives de la majorité ne gênent le Gouvernement. On parle alors de **discipline de groupe**.

Cette discipline de groupe, propre à la culture des partis de gauche, s'est progressivement imposée dans les groupes de la droite et du centre. Généralement librement consentie par les parlementaires, cette discipline l'est jusqu'à un certain point. Pour rappel, sont apparus en 2014 « les frondeurs ». Ce surnom a été donné à un groupe de députés du Parti socialiste, pendant la XIVème législature, opposés à la politique économique et sociale des gouvernements de Jean-Marc Ayrault, de Manuel Valls, puis de Bernard Cazeneuve sous la présidence de François Hollande. « Les frondeurs » étaient des députés de la majorité qui avaient décidé de déposer des amendements sans l'aval de leur groupe majoritaire, ou de ne pas cosigner les amendements de groupe.

Concernant la majorité LREM, cette discipline de groupe a fait polémique en juillet 2017. Selon *Le Canard enchaîné*[1], les 314 députés (dont 5 apparentés) LREM auraient été soumis à un règlement intérieur particulièrement strict au sein de leur groupe parlementaire. Le journal satirique a publié des extraits de celui-ci : ainsi, l'article 16 interdisait aux députés de cosigner des propositions de loi ou des amendements qui émaneraient d'un « autre groupe parlementaire ». Il

1. *Le Canard enchaîné*, 12 juillet 2017.

n'était pas précisé si cette disposition était également valable pour les textes déposés par le MoDem ou les Constructifs, groupes parlementaires bienveillants à l'égard du Gouvernement. En cas de violation de cette règle, Richard Ferrand, président du groupe à ce moment-là, se réservait le droit de convoquer le fautif pour le « déférer » devant le « bureau politique ». En vertu de l'article 19, une exclusion pouvait ensuite être prononcée. « C'est un copier-coller des règles du groupe PS. Ce genre de pratiques claniques, c'est la culture socialiste, pas la culture En Marche », avait confirmé un député LREM auprès de *Marianne*[1].

Bon à savoir

Il est possible de mettre en place des stratégies de groupe. Lorsque le groupe politique cherche à marquer sa forte désapprobation sur un texte de loi et à ralentir les débats, chaque membre peut alors déposer les amendements de groupe individuellement. C'était par exemple le cas des députés UMP lors du projet de loi du mariage pour tous. En revanche, aujourd'hui, il faut faire attention à modifier, même très légèrement, l'exposé des motifs, afin d'éviter que les amendements ne fassent l'objet d'une discussion commune, sachant que c'est à la discrétion du président de séance de les considérer comme identiques ou non.
À noter qu'aujourd'hui, sous la XVIème législature, des amendements de groupes d'opposition peuvent être adoptés.

1. GIRARD Etienne, « Les députés LREM...interdits de collaborer avec leurs alliés à l'Assemblée », *Marianne,* 12/07/2017.

Ce fut le cas par exemple de l'amendement n°3 du groupe LR sur le projet de loi portant mesures d'urgence pour la protection du pouvoir d'achat.
Selon l'exposé des motifs, cet amendement des députés Les Républicains visait à déconjugaliser l'AAH (Allocation aux adultes handicapés), « pour cesser l'injustice qui faisait que les personnes en situation de handicap qui vivaient en couple étaient pénalisés fiscalement ». Il avait été déposé à plusieurs reprises sous l'ancienne législature, toujours rejeté. Il avait même été porté en proposition de loi par le groupe dans une de leurs niches, ainsi que par un autre groupe politique, sans succès.

« JE DEMANDE UN SCRUTIN PUBLIC »

Lors de l'examen d'un amendement, un **scrutin public** – et non un vote à main levée - peut être demandé. Les députés votent électroniquement, grâce aux boutons qui se situent sur leur pupitre. Les votes sont automatiquement comptabilisés et à la clôture du scrutin, le président de séance annonce les résultats. Quelques minutes plus tard, une analyse détaillant les résultats du scrutin, groupe par groupe, avec le nom des députés présents, est affichée à l'entrée de la salle des séances. Cette analyse est ensuite publiée au *Journal officiel*, en annexe du compte rendu de la séance et figure sur le site internet de l'Assemblée nationale.

Selon les articles 64 et 65 du Règlement de l'Assemblée nationale, ce type de scrutin peut être demandé de droit par :

➲ Le président de séance s'il a un doute lors du vote à main levée[1].

1. Le Règlement laisse au Président de séance une très grande latitude d'interprétation, comme en témoigne ce communiqué de l'Assemblée nationale, suite à un vote contesté lors de l'examen du projet de loi relatif à la bioéthique, lors de la séance du

➲ Sur demande du Gouvernement ou de la commission saisie au fond.
➲ Sur demande du président d'un groupe ou, si ce dernier est absent, de son délégué, autrement dit l'orateur du groupe sur le texte qui est désigné par la transmission d'une feuille rose en début de séance.

Un député seul ne peut pas demander de scrutin public. Il est tributaire de la volonté de son président de groupe ou de l'orateur qui le demande pour lui, au début de la discussion de l'amendement. La demande du scrutin public doit être faite au plus tard avant la fin de la défense de l'amendement par son auteur. Cette règle, instaurée en 2018, visait à empêcher toute demande de scrutin improvisée, afin de ne pas ralentir les débats.

Le président de groupe ou l'orateur fait alors parvenir, par le biais d'un huissier, une feuille verte au président de séance. Ce dernier annonce ensuite le scrutin public par une sonnerie, qui intervient cinq minutes après. Ce temps peut être plus long en fonction des débats sur l'amendement. En théorie, le président de séance doit donner la parole à un orateur pour l'amendement et un orateur contre. Il arrive que le président de séance déroge à cette règle sur les textes les plus importants.

Le scrutin public était déjà une arme politique forte, qui s'est encore renforcée sous la XVIème législature.

---

25 septembre 2019 : « *Le Président de séance est le seul à avoir une vision d'ensemble de l'hémicycle et n'a pas à justifier le décompte des voix. Ce n'est que lorsqu'il a un doute sur le résultat d'un vote à main levée qu'il procède à un vote par assis-levé.* » Source : Assemblée nationale, message diffusé sur *Twitter* le 26 septembre 2019.

Il permet de voir les alliances entre députés, entre groupes, pour faire passer ou non un amendement. Dans le cas présenté ci-dessous, l'amendement de Jérôme Nury (député LR), a été adopté à 9 voix d'écart, dont 8 abstentions. Ainsi, sur le projet de loi de finances rectificative pour 2022, cet amendement proposait de voter une enveloppe de 230 millions d'euros de soutien réservée aux foyers les plus modestes, qui doivent se chauffer au fioul. Le Gouvernement avait rendu un avis défavorable, au motif qu'il prévoyait de proposer un amendement dans ce sens, mais d'un montant bien inférieur (50 millions d'euros). Les Républicains, la Nupes, le Rassemblement national, ainsi que le Groupe Libertés, Indépendants, Outre-Mer et Territoires se sont unis pour voter l'amendement, qui a donc été adopté contre l'avis du Gouvernement. Voici le détail de ce scrutin :

Groupe Renaissance
(172 membres)

Contre: **109**

Damien **Abad**
Caroline **Abadie**
Damien **Adam**
Sabrina **Agresti-Roubache**
Éric **Alauzet**
David **Amiel**
Antoine **Armand**
Quentin **Bataillon**
Belkhir **Belhaddad**
Fanta **Berete**
Aurore **Bergé**
Benoît **Bordat**
Éric **Bothorel**
Florent **Boudié**
Bertrand **Bouyx**
Maud **Bregeon**
Anthony **Brosse**
Danielle **Brulebois**
Françoise **Buffet**
Céline **Calvez**
Eléonore **Caroit**
Thomas **Cazenave**
Jean-René **Cazeneuve**
Pierre **Cazeneuve**
Émilie **Chandler**
Clara **Chassaniol**
Fabienne **Colboc**
Dominique **Da Silva**
Christine **Decodts**
Julie **Delpech**
Frédéric **Descrozaille**
Philippe **Dunoyer**
Stella **Dupont**
Sophie **Errante**
Marc **Ferracci**
Jean-Marie **Fiévet**
Jean-Luc **Fugit**
Anne **Genetet**
Raphaël **Gérard**
Hadrien **Ghomi**
Éric **Girardin**
Olga **Givernet**
Guillaume **Gouffier-Cha**
Marie **Guévenoux**
Claire **Guichard**
Benjamin **Haddad**
Nadia **Hai**
Laurence **Heydel Grillere**
Sacha **Houlié**
Servane **Hugues**
Monique **Iborra**
Alexis **Izard**
Guillaume **Kasbarian**
Fadila **Khattabi**
Brigitte **Klinkert**
Emmanuel **Lacresse**
Pascal **Lavergne**
Gilles **Le Gendre**
Constance **Le Grip**
Annaïg **Le Meur**
Christine **Le Nabour**
Nicole **Le Peih**
Marie **Lebec**
Mathieu **Lefèvre**
Patricia **Lemoine**
Brigitte **Liso**
Jean-François **Lovisolo**
Sylvain **Maillard**
Laurence **Maillart-Méhaignerie**
Bastien **Marchive**
Louis **Margueritte**
Christophe **Marion**
Sandra **Marsaud**
Denis **Masséglia**
Graziella **Melchior**
Nicolas **Metzdorf**
Paul **Midy**
Benoit **Mournet**
Karl **Olive**
Astrid **Panosyan-Bouvet**
Emmanuel **Pellerin**
Anne-Laurence **Petel**
Michèle **Peyron**
Béatrice **Piron**
Natalia **Pouzyreff**
Rémy **Rebeyrotte**
Robin **Reda**
Cécile **Rilhac**
Véronique **Riotton**
Stéphanie **Rist**
Marie-Pierre **Rixain**
Charles **Rodwell**
Xavier **Roseren**
Jean-François **Rousset**
Lionel **Royer-Perreaut**
Thomas **Rudigoz**
Freddy **Sertin**
Charles **Sitzenstuhl**
Bertrand **Sorre**
Violette **Spillebout**
Liliana **Tanguy**
Sarah **Tanzilli**
Jean **Terlier**
Prisca **Thevenot**
David **Valence**
Annie **Vidal**
Corinne **Vignon**
Lionel **Vuibert**
Caroline **Yadan**

Groupe La France insoumise - Nouvelle Union Populaire écologique et sociale (75 membres)

Pour: **46**

Nadège **Abomangoli**
Gabriel **Amard**
Ségolène **Amiot**
Ugo **Bernalicis**
Christophe **Bex**
Carlos Martens **Bilongo**
Manuel **Bompard**
Louis **Boyard**
Aymeric **Caron**
Sylvain **Carrière**
Florian **Chauche**
Éric **Coquerel**
Jean-François **Coulomme**
Catherine **Couturier**
Sébastien **Delogu**
Martine **Etienne**
Emmanuel **Fernandes**
Sylvie **Ferrer**
Raquel **Garrido**
David **Guiraud**
Andy **Kerbrat**
Bastien **Lachaud**
Maxime **Laisney**
Élise **Leboucher**
Charlotte **Leduc**
Jérôme **Legavre**
Sarah **Legrain**
Murielle **Lepvraud**
Élisa **Martin**
Pascale **Martin**
William **Martinet**
Frédéric **Mathieu**
Damien **Maudet**
Marianne **Maximi**
Manon **Meunier**
Nathalie **Oziol**
Mathilde **Panot**
Thomas **Portes**
Adrien **Quatennens**
Michel **Sala**
Danielle **Simonnet**
Ersilia **Soudais**
Anne **Stambach-Terrenoir**
Andrée **Taurinya**
Paul **Vannier**
Léo **Walter**

Abstention: **1**

Aurélie **Trouvé**

Groupe Les Républicains (62 membres)

Pour: **17**

Dino **Cinieri**
Pierre **Cordier**
Marie-Christine **Dalloz**
Vincent **Descoeur**
Fabien **Di Filippo**
Pierre-Henri **Dumont**
Philippe **Gosselin**
Justine **Gruet**
Victor **Habert-Dassault**
Philippe **Juvin**
Véronique **Louwagie**
Olivier **Marleix**
Alexandra **Martin**
Jérôme **Nury**
Alexandre **Portier**
Nicolas **Ray**
Vincent **Rolland**

Groupe Démocrate (MoDem et Indépendants) (48 membres)

Contre: **28**

Erwan **Balanant**
Géraldine **Bannier**
Jean-Louis **Bourlanges**
Vincent **Bru**
Mickaël **Cosson**
Laurent **Croizier**
Romain **Daubié**
Mathilde **Desjonquères**
Marina **Ferrari**
Estelle **Folest**
Maud **Gatel**
Perrine **Goulet**
Frantz **Gumbs**
Sandrine **Josso**
Mohamed **Laqhila**
Florence **Lasserre**
Pascal **Lecamp**
Delphine **Lingemann**
Emmanuel **Mandon**
Éric **Martineau**
Jean-Paul **Mattei**
Sophie **Mette**
Bruno **Millienne**
Louise **Morel**
Jimmy **Pahun**
Maud **Petit**
Nicolas **Turquois**
Philippe **Vigier**

Non-votants: **3**

M. Jean-Noël **Barrot** (Membre du Gouvernement), Mme Geneviève **Darrieussecq** (Membre du Gouvernement) et Mme Sarah **El Haïry** (Membre du Gouvernement).

Groupe Socialistes et apparentés (membre de l'intergroupe NUPES) (31 membres)

Pour: **17**

Christian **Baptiste**
Philippe **Brun**
Elie **Califer**
Alain **David**
Arthur **Delaporte**
Stéphane **Delautrette**
Inaki **Echaniz**
Guillaume **Garot**
Chantal **Jourdan**
Fatiha **Keloua Hachi**
Gérard **Leseul**
Bertrand **Petit**
Christine **Pires Beaune**
Valérie **Rabault**
Claudia **Rouaux**
Boris **Vallaud**
Roger **Vicot**

Groupe Horizons et apparentés (30 membres)

Contre: **16**

Xavier **Albertini**
Henri **Alfandari**
Béatrice **Bellamy**
Félicie **Gérard**
François **Jolivet**
Stéphanie **Kochert**
Luc **Lamirault**
Jean-Charles **Larsonneur**
Anne **Le Hénanff**
Didier **Lemaire**
Lise **Magnier**
Laurent **Marcangeli**
Thomas **Mesnier**
Philippe **Pradal**
Vincent **Thiébaut**
Anne-Cécile **Violland**

Abstention: **1**

Thierry **Benoit**

Non-votant: **1**

Mme Agnès **Firmin Le Bodo** (Membre du Gouvernement).

Dès le début de la législature, certains amendements, déposés par des députés de la majorité, appartenant au groupe Horizons notamment, ont été adoptés malgré l'opposition du Gouvernement.

Les résultats du vote étant clairement identifiés, il est alors facile de les diffuser et de communiquer sur ce sujet, notamment pour les députés de l'opposition. En revanche, il ne faut pas confondre tout ceci avec le scrutin public sur l'ensemble du texte, ou encore les votes solennels demandés sur décision de la Conférence des présidents.

Amendements et scrutins

	Session 2021-2022	XVe législature
Amendements en séance publique		
Déposés	17 885	200 173
Adoptés	2 153	16 084
Scrutins		
Scrutins publics ordinaires	438	4 296
Scrutins publics solennels	4	123
- *Dont Votes solennels sur textes*	*4*	*106*
- *Dont Autres votes : motions de censure, déclarations du Gouvernement, autorisations de prolongation art.35C…*	-	*17*

Bon à savoir

Un scrutin public permet de marquer une opinion sur un sujet particulier. Traditionnellement, il est demandé par le groupe qui porte l'amendement. Mais cela peut également être demandé par un autre groupe pour obliger tous les députés à se positionner politiquement sur le point soulevé. Le scrutin public permet donc de savoir qui était présent et qui a voté quoi, avec qui. Parfois, au sein d'un même groupe, certains députés ont d'ailleurs des positions différentes... À noter également que les citoyens observent de plus en plus la position de leur député, les félicitant ou leur demandant des comptes (par mail ou sur les réseaux sociaux) au sujet de leur absence ou du choix de leur vote, si celui-ci ne leur convient pas.

LE POUVOIR D'AMENDEMENT ILLIMITÉ DU GOUVERNEMENT

Dans *Le droit d'amendement et la Constitution sous la Vème République*, V. Sommaco explique que : « *le Gouvernement est l'autorité principale qui dirige l'élaboration des lois* ». Forte de ce principe, la Constitution de 1958 a non seulement doté le Gouvernement d'un droit d'amendement[1], mais ce droit est bien plus important que celui accordé aux parlementaires.

➲ **Le Gouvernement dispose d'une grande liberté d'action en matière d'amendement.** Contrairement à ceux des députés et sénateurs, les amendements du Gouvernement échappent à certaines irrecevabilités constitutionnelles : Le Gouvernement n'est pas soumis à la règle de l'article 40 sur les charges et les dépenses.

➲ Il n'est pas soumis à un délai de dépôt. Il peut donc déposer des amendements quand il le souhaite et ce même en cours de débats.

1. L'article 44 de la Constitution de 1958 dispose que « *les membres du Parlement et le Gouvernement ont le droit d'amendement* ».

➲ L'article 39 de la Constitution dispose, en son deuxième alinéa, que « *les projets de loi sont délibérés en Conseil des ministres après avis du Conseil d'État et déposés sur le bureau de l'une des deux assemblées* ». Les amendements du Gouvernement ne sont pas soumis à cette règle, ce qui lui permet d'introduire par ce biais des mesures substantielles, sans avoir à consulter préalablement le Conseil d'État. Il est ainsi arrivé que le Conseil d'État censure ou émette un avis défavorable sur un article d'un projet de loi. Le Gouvernement a alors décidé de le retirer avant l'examen au Parlement, mais l'a réintroduit par voie d'amendement. Ce détournement de l'article 44 de la Constitution a été pointé du doigt dès 1993, dans le rapport remis par le Comité consultatif pour la révision de la Constitution, présidé par Georges Vedel, qui évoquait déjà « *une pratique fâcheuse qui [...] permet [...] au Gouvernement de déposer devant le Parlement, parfois en grand nombre, des amendements comportant des dispositions non soumises aux organismes dont la consultation est obligatoire* ».

➲ Les amendements du Gouvernement ne sont pas soumis aux irrecevabilités prévues par les Règlements des assemblées ou celles forgées par la jurisprudence parlementaire, qui ne leur sont en principe pas opposables.

➲ Les amendements ne sont pas soumis à l'étude d'impact. Depuis la réforme constitutionnelle du 23 juillet 2008, le Gouvernement a l'obligation d'assortir chaque projet de loi d'une étude

> d'impact lors de leur transmission au Conseil d'État, puis lors de leur dépôt sur le bureau du Sénat ou de l'Assemblée nationale. Cette obligation est entrée en vigueur pour les projets de loi déposés à compter du 1er septembre 2009. Les études d'impact revêtent une double finalité juridique : elles doivent agir sur les lois pour en réduire le nombre et pour en améliorer le contenu. Pourtant, ce n'est pas le cas des amendements, qui peuvent changer la nature et l'impact d'un article, voire en proposer un nouveau à travers un article additionnel. L'étude d'impact sérieuse et exhaustive d'un projet de loi peut devenir obsolète à cause d'un amendement gouvernemental ou parlementaire qui pourrait bouleverser l'équilibre du projet en question. C'est dans cette logique que les Parlements européen, allemand et néerlandais ont généralisé la pratique des études d'impact, pour y soumettre tous les amendements substantiels déposés au cours de la procédure législative.

Le vote de l'amendement relatif au plan France 2030, le 8 novembre 2021, représente un exemple typique de ce détournement de l'article 44. Le financement de ce plan d'investissement n'était pas présent dans le projet de loi de finances pour 2022, car le ministre de l'Économie, Bruno Le Maire, attendait les derniers arbitrages. Ces derniers étant arrivés en novembre, le Gouvernement a déposé un amendement visant à autoriser la dépense de 34 milliards d'euros, afin de financer le plan France 2030. Adopté après seulement quarante-cinq minutes de débats, cet amendement, qualifié par Valérie Rabault, députée socialiste, « *d'amendement le plus cher de la Cinquième République* »[1], illustre parfaitement le pouvoir d'amendement illimité dont dispose le Gouvernement et la manière dont il peut contourner le Parlement grâce à lui. Toutes les voix de l'opposition se sont d'ailleurs unies pour dénoncer la méthode employée par le Gouvernement : le plan France 2030 aurait en effet dû faire, à lui seul, l'objet d'un projet de loi.

Bon à savoir

Le Gouvernement n'étant pas soumis à un délai de dépôt, il peut déposer des amendements stratégiques à la dernière minute. Il est donc important de vérifier, avant l'ouverture de la séance, les amendements déposés par le Gouvernement, afin d'éviter toute surprise... surtout que ces amendements peuvent être des amendements de réécriture globale d'un article, voire rajouter un article non prévu.

1. Assemblée nationale, séance du 8 novembre 2021.

LA SECONDE DÉLIBÉRATION DE L'AMENDEMENT, OU LE REPÊCHAGE DU GOUVERNEMENT

Le Règlement de l'Assemblée nationale et celui du Sénat prévoient qu'« *avant le commencement des explications de vote sur l'ensemble des projets et propositions, l'Assemblée peut décider, sur la demande du Gouvernement ou d'un député, qu'il sera procédé à une seconde délibération de tout ou partie du texte* »[1].

Cette seconde délibération est de droit lorsque le Gouvernement ou la commission saisie au fond la demandent. Lorsqu'elle est demandée par un député, ou par le rapporteur d'une commission saisie pour avis, elle est accordée de droit si la commission saisie au fond l'accepte. Sinon, elle est soumise à la décision de l'Assemblée.

La demande de seconde délibération, qui **intervient à la fin de l'examen du texte**, peut porter **sur un ou plusieurs articles, voire la totalité de ceux-ci, qu'ils aient été adoptés, modifiés ou rejetés en première délibération**. Mais, une fois décidée, elle se limite aux seules dispositions pour lesquelles elle a été formulée.

1. Règlement de l›Assemblée nationale, article 101, alinéa 1.

En pratique, la commission saisie au fond doit présenter, par écrit ou verbalement, un nouveau rapport. Généralement, elle se déclare prête à rapporter sur le champ, oralement, de telle sorte que le débat n'est pas suspendu ou ne l'est que pour une brève interruption.

Le Gouvernement et les parlementaires peuvent à nouveau déposer des amendements. Souvent demandée par le Gouvernement, la seconde délibération permet de confirmer un vote lorsqu'il y a eu un incident de séance[1] ou de revenir sur des amendements qui ne lui conviennent pas. Le Gouvernement peut ainsi « rejouer le match » et corriger les amendements ou faire des compromis.

L'examen des amendements n°136 et 133 au projet de loi portant diverses dispositions urgentes pour faire face aux conséquences de l'épidémie de covid-19 (n°2907) est un bon exemple. Examinés le 14 mai 2020 en séance publique, ces amendements ont été adoptés en raison d'une suspension de séance plus longue que prévue ; les députés de la majorité n'étant pas revenus dans l'Hémicycle assez vite, ils ont été adoptés contre l'avis du Gouvernement. Gêné par les dispositions prévues par ces amendements, le ministre au banc, Marc Fesneau, a demandé une seconde délibération afin de modifier les dispositions initialement votées[2].

1. Ce fut notamment le cas lors de la séance du 11 février 2019 à l'Assemblé nationale, où le rapporteur de la commission a demandé une seconde délibération sur l'amendement n°102 de Éric Ciotti au projet de loi pour une école de la confiance.

2. Voir les articles du 16 mai 2020, du 12 mai 2021 ou encore du 11 juin 2021 concernant les secondes délibérations sur le blog *Les cuisines de l'Assemblée,* à consulter régulièrement pour se tenir informé de l'actualité de l'Assemblée nationale.

Bon à savoir

Quand l'opposition veut faire adopter un amendement, elle peut recourir au lever de rideau : les députés de l'opposition se massent derrière le rideau de la salle des séances, sans bruit et entrent par surprise dans l'Hémicycle, afin d'avoir une supériorité numérique sur la majorité qui, prise court, n'a pas le temps de rappeler ses parlementaires.

L'OPACITÉ DES AMENDEMENTS EN COMMISSION MIXTE PARITAIRE

L'article 45 de la Constitution prévoit que lorsqu'un désaccord persiste entre l'Assemblée nationale et le Sénat sur un texte après deux lectures dans chaque chambre, ou une lecture si la procédure accélérée a été engagée sur le texte, le Premier ministre a la faculté de provoquer la réunion d'une Commission mixte paritaire (CMP) chargée de proposer un texte sur les dispositions restant en discussion.

Haut lieu de décisions stratégiques, la CMP est censée trancher les points litigieux entre les deux assemblées. Mais son fonctionnement reste obscur pour la plupart des acteurs de la vie parlementaire, ni les collaborateurs parlementaires, ni les collaborateurs de groupe, ni les conseillers du Gouvernement n'étant présents dans ce huis clos.

Peu de règles régissent les travaux d'une CMP. À noter toutefois que les députés et sénateurs n'y participant pas ne peuvent pas déposer d'amendements. Seuls ses membres peuvent décider de retenir la rédaction d'une disposition précédemment adoptée par l'une ou l'autre assemblée ou bien en élaborer une nouvelle.

Lorsque la CMP se réunit, elle désigne son bureau. Le président de la CMP est traditionnellement le président de la commission saisie au fond de l'assemblée où se tient la Commission mixte. Le vice-président est alors le président de la commission saisie au fond de l'autre assemblée. Le bureau comprend également deux rapporteurs, un député et un sénateur, qui seront chargés de rendre compte des travaux devant leur assemblée respective. Il s'agit généralement des rapporteurs de chaque commission saisie au fond.

Les CMP sont composées de sept sénateurs et sept députés, reflétant la composition politique des assemblées. À l'Assemblée nationale, sous la XIVème et la XVème législatures, quatre membres appartenaient à la majorité, trois autres aux groupes de l'opposition. Au Sénat, la composition des CMP n'est pas fixe mais reflète toujours un équilibre de quatre sénateurs de la majorité sénatoriale et trois de l'opposition, tant pour les titulaires que pour les suppléants.

Sous la XVIème législature, la composition peut faire basculer le contenu d'un texte. Ce fut le cas de la CMP sur le projet de loi mettant fin aux régimes d'exception créés pour lutter contre l'épidémie liée à la covid19, présidée par Jean-Noël Buffet, sénateur LR. Elle réunissait cinq membres de la majorité (trois députés Renaissance, un sénateur RDPI et un député Démocrate), quatre membres de LR (dont trois sénateurs), ainsi qu'un sénateur UC, deux autres socialistes, un député LFI et un autre RN. Alors que l'Assemblée nationale avait supprimé deux des quatre articles du texte, dont un portant sur la possibilité d'instaurer un passe sanitaire aux frontières et les déplacements entre la Corse, les Outre-Mer et l'Hexagone, le Sénat a souhaité rétablir cette dernière mesure en cas de nouveau variant. Après avoir débattu, la CMP a finalement conservé la version établie par le Sénat, défendue par Philippe Bas, rapporteur du texte au Sénat. Cet accord de CMP a pu apparaître aux yeux de certaines forces d'opposition comme un « deal » entre la majorité et les groupes LR de l'Assemblée nationale et du Sénat. Cette CMP montre surtout que la majorité, qui ne dispose de la majorité absolue dans aucune des deux chambres, n'est plus en mesure d'imposer sa vision politique en CMP. La CMP devient elle aussi le reflet de cette culture du compromis, qui s'est imposée au Gouvernement Borne depuis juin 2022.

Depuis 1959, date à laquelle elles ont vu le jour, deux CMP sur trois ont abouti à un consensus, en dépit des alternances politiques. Si la CMP est conclusive, le texte fait son retour dans les deux chambres, mais les parlementaires sont limités dans leur dépôt d'amendements. Selon l'article 113, 2ème alinéa du Règlement de l'Assemblée nationale : « *Lorsque l'Assemblée est saisie du texte élaboré par la Commission mixte paritaire, les amendements déposés sont soumis au Gouvernement avant leur distribution et ne sont distribués que s'ils ont recueilli son accord* ». Dans les faits, cette situation est extrêmement rare. Le texte est donc adopté beaucoup plus rapidement par chaque chambre (souvent entre 45 minutes et 1 heure suivant les débats). En revanche, c'est sa prérogative, le Gouvernement peut toujours déposer des amendements. Ce fut le cas par exemple de l'amendement n°1 du Gouvernement lors de la séance du dimanche 25 juillet 2021 sur le texte post-CMP du projet de loi relatif à la gestion de la crise sanitaire. Il faisait suite au débat qui avait eu lieu, à la fois à l'Assemblée nationale et au Sénat, sur la question des grands centres commerciaux, en prévoyant que le préfet puisse imposer la présentation du passe sanitaire, dans des conditions garantissant l'accès des personnes aux biens et services de première nécessité ainsi, le cas échéant, qu'aux moyens de transport. 153 députés ont voté pour, 62 contre, sachant que même dans la majorité, un député s'est abstenu (LREM) et un autre (MODEM) a voté contre. Enfin, notons également que, suite à une CMP, selon le 3ème alinéa de l'article 113 : « *l'Assemblée statue d'abord sur les amendements. Après leur adoption ou leur rejet, ou s'il n'en a pas été déposé, elle statue par un vote unique sur l'ensemble du texte.* » Dans une lecture post-CMP, les parlementaires votent sur l'intégralité du texte et non sur chaque article.

Bon à savoir

Si un parlementaire tient particulièrement à une disposition, il peut contacter l'un de ses collègues membres de la CMP pour lui demander de porter son idée. S'il est membre de la CMP, il peut prendre attache en amont de la CMP avec ses collègues de la Chambre dont il ne fait pas partie pour qu'ils se mettent d'accord sur un amendement ou une disposition avant que la discussion ait lieu. Avec la nouvelle configuration politique de la XVIème législature, si un parlementaire tient à un point en particulier, qu'il soit dans l'opposition ou la majorité, il est préférable qu'il négocie également en amont avec le ministre en charge du texte de la CMP.

LA XVIÈME LÉGISLATURE OU LE CHANGEMENT DE CULTURE INSTITUTIONNELLE

Les élections législatives de juin 2022 ont abouti à une situation particulière : le parti du Président de la République ne dispose pas de la majorité absolue à l'Assemblée nationale, n'ayant qu'une majorité relative. Quant au Sénat, il est dominé par le centre et la droite.

Le Gouvernement est donc obligé de modifier en profondeur sa stratégie parlementaire. Véritable révolution copernicienne, s'il veut faire adopter ses textes, le Gouvernement doit négocier avec les oppositions et faire des compromis. Il lui faut notamment accepter certains amendements déposés par les groupes d'opposition. Il aura toutefois tendance à choisir ceux qui lui posent le moins de problèmes, au cas par cas sur chaque texte, en fonction des équilibres politiques qui se dégagent. Ainsi, le groupe Les Républicains, qui se présente comme une opposition constructive, occupe une position « pivot », arbitrant le vote des textes au Parlement. D'autres groupes, comme le RN ou Libertés Indépendants, Outre-Mer et Territoires (LIOT), affirment également être dans une opposition responsable, votant en fonction des textes et des mesures proposées par le Gouvernement, afin de ne pas être comptables d'un blocage institutionnel.

Ceci n'empêche pas le Gouvernement d'être mis en difficulté à l'Assemblée nationale avec l'adoption d'amendements auxquels il était fortement opposé. Il a ainsi essuyé un revers sur un amendement déposé par le député Charles de Courson (groupe LIOT), prévoyant une revalorisation de 500 millions d'euros pour les pensions de retraite. Cet amendement a été adopté avec le soutien des groupes Nupes, RN et une partie des LR. Le Gouvernement a dû recourir à une seconde délibération afin de revenir sur ce vote. S'il est parvenu à faire supprimer cette disposition, les votes contre l'avis du Gouvernement se multiplient, au gré d'alliances de circonstance entre les groupes d'opposition.

Ce fut également le cas pour un autre amendement au projet de loi de finances rectificative pour 2022, porté par le groupe LIOT, accordant une enveloppe de 120 millions d'euros aux départements pour compenser la hausse du RSA (revenu de solidarité active). Cet amendement a été adopté avec les voix des députés RN, NUPES, LR et Horizons (pourtant dans la majorité).

Devant la multiplication de ces revers à l'Assemblée nationale, le Gouvernement tend à modifier sa stratégie de dépôt des projets de loi devant les assemblées parlementaires. Auparavant, le Gouvernement avait tendance à préférer déposer ses textes d'abord à l'Assemblée nationale, où il était en position de force grâce au fait majoritaire, au lieu de commencer les débats au Sénat, qui lui était beaucoup moins favorable. Or, depuis la XVIème législature, il choisit de déposer certains textes en premier au Sénat, comme cela pourrait être le cas pour un projet de loi sur l'immigration, qui vise à favoriser les éloignements et à simplifier le contentieux.

Le bicaméralisme prend à nouveau tout son sens, et la Chambre Haute souhaite profiter de son influence pour peser davantage dans le jeu parlementaire et la construction des lois, du fait de sa culture du compromis et de son opposition moins frontale. Le Sénat devient la troisième voie, entre le Gouvernement et l'Assemblée nationale. Dès l'examen du projet sur le pouvoir d'achat, en commission des Finances, les sénateurs ont un peu modifié le texte, approuvant un coup de pouce de 150 euros aux bénéficiaires de la prime d'activité, à la place de la prime de rentrée exceptionnelle de 100 euros destinée aux allocataires des minima sociaux. De même, lors de l'étude du PLFR (projet de loi de finances rectificative) en commission des Finances, 21 amendements du rapporteur ont été adoptés. Parce qu'ils représentent les territoires, les sénateurs mettent également au cœur des enjeux la compensation financière pour les collectivités locales. Lors de l'examen du PLFR à l'Assemblée nationale, les députés et le Gouvernement avaient réussi à construire un compromis afin de mettre en place une dotation exceptionnelle au bloc communal, compensant la revalorisation du point d'indice des fonctionnaires. Mais le dispositif choisi paraissait trop restrictif au sénateur LR Jean-François Husson, qui proposa un amendement relevant de 10 à 20 % de recettes réelles de fonctionnement 2021 le niveau de plafond du ratio d'épargne brute 2021, ce qui permettait de tripler le nombre de communes éligibles.

Dans tous les cas, les relations des chambres avec le Gouvernement semblent aujourd'hui s'établir en suivant de nouvelles méthodes. Par exemple, les rapporteurs – issus des groupes d'opposition - sont reçus à Bercy et à Matignon pour discuter en amont, ce qui n'arrivait que rarement sous la précédente législature... Une nouvelle culture du compromis s'instaure au Parlement : un dialogue entre les élus et le Gouvernement s'opère désormais avant le commencement des débats, pour déminer au maximum les divergences et trouver un arbitrage.

Bon à savoir

Étant donné que, sous la XVIème législature, les amendements des groupes de l'opposition comme ceux de la majorité ont désormais une chance d'être adoptés, il vaut mieux préférer la qualité des amendements à la quantité. Un amendement de qualité pourra être adopté, laissant à son auteur la possibilité de valoriser son travail auprès des concitoyens et des médias.

LA CENSURE DU CONSEIL CONSTITUTIONNEL

L'article 61 de la Constitution dispose que « *Les lois organiques, avant leur promulgation, les propositions de loi mentionnées à l'article 11 avant qu'elles ne soient soumises au référendum, et les Règlements des assemblées parlementaires, avant leur mise en application, doivent être soumis au Conseil constitutionnel, qui se prononce sur leur conformité à la Constitution* »[1].

Le Conseil constitutionnel dispose d'un mois pour se prononcer, huit jours en cas de demande urgente du Gouvernement. La saisine suspend la promulgation de la loi.

Le Conseil constitutionnel considère qu'il lui appartient « *non seulement de se prononcer sur la conformité des dispositions de cette loi à la Constitution, mais encore d'examiner si elle a été adoptée dans le respect des règles de valeur constitutionnelle relatives à la procédure législative* »[2] : il vérifie donc le fond, mais également le respect de la forme, c'est-à-dire de la procédure législative.

1. Constitution de 1958, art.61.
2. Conseil constitutionnel, décision n°5-57 DC du 23 juillet 1975.

En effet, l'exercice du droit constitutionnel d'amendement intervient au cours de la procédure parlementaire, c'est pourquoi le Conseil a très tôt affirmé sa compétence pour en contrôler la régularité.

Parce qu'il considère le droit d'amendement comme « corollaire de l'initiative législative », le Conseil constitutionnel porte une attention particulière à l'usage fait de l'amendement au cours de la procédure législative. Sa jurisprudence est révélatrice de la nature ambivalente du droit d'amendement, notamment sous la forme d'articles additionnels. Celui-ci est en effet à la fois essentiel à la production législative de par sa richesse fonctionnelle, mais il peut également faire l'objet d'abus qui risquent alors d'entraver le déroulement de celle-ci. C'est dans cette logique que le Conseil a fini par procéder à un véritable encadrement de ce droit, dont l'exercice doit être effectif sans qu'il en soit fait « *un usage manifestement excessif* »[1].

Restreindre l'usage de l'article additionnel sur le fondement des limites inhérentes amène alors le juge à substituer son appréciation à celle du législateur quant à l'opportunité et au contenu de l'adjonction au texte législatif. Or le juge ne dispose pas d'une légitimité suffisante, ce que lui-même reconnaît explicitement, « *la Constitution ne confère pas au Conseil constitutionnel un pouvoir général d'appréciation et de décision identique à celui du Parlement* »[2]. Lors de ce contrôle de constitutionnalité, le Conseil effectue donc un travail d'équilibriste, n'ayant pas de légitimité démocratique, mais la légitimité institutionnelle du gardien de la bonne application de la Constitution.

1. Conseil constitutionnel, décision n°2003-468 DC du 3 avril 2003.
2. Conseil constitutionnel, décision n°74-54 DC du 12 janvier 1975.

Bon à savoir

Déposer un recours auprès du Conseil constitutionnel permet de retarder l'application de la loi votée et de faire valoir ses griefs contre le Gouvernement. Le Conseil constitutionnel peut être saisi par le président de l'Assemblée nationale, le président du Sénat, soixante députés ou soixante sénateurs. Ce chiffre de soixante a plusieurs impacts directs : déjà, pour les sénateurs, le recours est plus difficile, car ils sont moins nombreux (348 sénateurs, pour 577 députés). Ensuite, avec la multiplication des petits groupes d'opposition, il devient plus compliqué de réunir ce chiffre. Ainsi, sous la XVème législature, seul le groupe LR pouvait saisir sans faire d'alliance avec un autre groupe. Sous la XVIème, les députés LR au nombre de 62 ont de justesse gardé cette prérogative. Les groupes RN et France Insoumise peuvent également saisir le Conseil, sans difficulté. En revanche, les petits groupes doivent s'entendre sur la volonté de faire un recours commun, mais également sur son contenu.
À noter également que pour effectuer un recours, les signatures électroniques ne sont pas admises. Les députés doivent venir signer le recours de leur propre main, les collaborateurs du groupe collectant alors les signatures, le plus souvent suite à une réunion de groupe ou à l'entrée des questions au Gouvernement.

Exemple de recours :

2021-824 DC - Reçu au greffe du Conseil constitutionnel le 26 juillet 2021

ASSEMBLÉE NATIONALE

RÉPUBLIQUE FRANÇAISE
LIBERTÉ - ÉGALITÉ - FRATERNITÉ

Groupe Socialistes et apparentés

Paris, le 26 juillet 2021

Monsieur Laurent FABIUS
Président
Conseil Constitutionnel
2, rue Montpensier
75001 PARIS

Monsieur le Président,

Conformément au second alinéa de l'article 61 de la Constitution, nous avons l'honneur de déférer au Conseil Constitutionnel le projet de loi relatif à la Gestion de la crise sanitaire.

A cet effet, vous voudrez bien trouver, ci-joint, la liste des signataires de ce recours ainsi qu'un mémoire développant les motifs de la saisine.

Nous vous prions de croire, Monsieur le Président, à l'assurance de notre haute considération.

Valérie RABAULT
Présidente du groupe
Socialistes et apparentés

Jean-Luc MELENCHON
Président du groupe
La France Insoumise

André CHASSAIGNE
Président du groupe de la
Gauche Démocrate
et Républicaine

Bertrand PANCHER
Président du groupe
Libertés et territoires

126, rue de l'Université – 75 355 PARIS 07 – SP – Téléphone : 01 40 63 60 00

2021-824 DC - Reçu au greffe du Conseil constitutionnel le 26 juillet 2021

Paris, le 26 juillet 2021

RECOURS AU CONSEIL CONSTITUTIONNEL SUR LE PROJET DE LOI RELATIF À LA GESTION DE CRISE SANITAIRE

Monsieur le Président, Mesdames et Messieurs les membres du Conseil constitutionnel, nous avons l'honneur de vous déférer, en application du second alinéa de l'article 61 de la Constitution, l'ensemble du projet de loi « relatif à la gestion de la crise sanitaire » tel qu'adopté le 25 juillet 2021 par l'Assemblée nationale et le Sénat. Les députées et députés, autrices et auteurs de la présente saisine, estiment que certaines dispositions de cette loi, en raison de leur caractère disproportionné, sont manifestement contraires à plusieurs droits et libertés que la Constitution garantit et notamment le principe d'égalité devant la loi, la liberté d'aller et venir, le droit de mener une vie familiale et sociale normale, la liberté d'entreprendre, le droit au respect de la vie privée, le droit au travail, le principe de proportionnalité des peines et la liberté individuelle. Ils estiment également que la procédure d'examen de ce texte par le Parlement a été organisée au mépris du principe de clarté et de sincérité des débats parlementaires.

SUR LA PROCÉDURE

Les députées et députés, autrices et auteurs de la saisine, estiment que la procédure parlementaire n'a pas été respectée et qu'a été en particulier méconnu le principe de clarté et de sincérité des débats parlementaires. Ce principe a été intégré par le Conseil constitutionnel parmi les normes de référence des décisions rendues sur le règlement des assemblées (n°2009-581 DC), notamment en raison des délais de dépôt opposables aux amendements (D. Chamussy, « La procédure parlementaire et le Conseil constitutionnel », *Les Cahiers constitutionnels*, n°38, janvier 2013, Dossier : Le Conseil constitutionnel et le Parlement, sur la décision 2010-607 DC).

L'impréparation et le manque d'anticipation du Gouvernement rejaillissent désormais de manière trop régulière sur les conditions de travail auxquelles sont soumis les parlementaires et les requérants soulignent les conditions particulièrement délétères entourant l'examen du projet de loi déféré, faisant montre d'un irrespect du Parlement par le Gouvernement.

Si la situation sanitaire peut paraître préoccupante et appeler une modification de l'ordre du jour du Parlement convoqué en session extraordinaire, elle ne justifiait pas à elle seule que les débats parlementaires soient enserrés dans de tels délais. Cette situation dans laquelle ont été mis les parlementaires n'est pas digne du respect du nécessaire équilibre des pouvoirs.

Le texte a ainsi été déposé sur le bureau de l'Assemblée nationale le lundi 19 juillet 2021 à 23 heures 40, soit quelques heures avant le délai de dépôt des amendements pour l'examen du texte en commission des lois, fixé le mardi 20 juillet à 16 heures. Ce délai d'à peine plus de 16 heures n'a pas permis aux parlementaires – en particulier ceux appartenant aux groupes d'opposition et qui disposent de moins de moyens matériels et humains – d'exercer dans des conditions convenables leur droit d'amendement au stade de la commission.

LE SERVICE APRÈS-VENTE DE L'AMENDEMENT

Lorsqu'un amendement a été adopté, il convient de surveiller son devenir : s'il a été adopté en première lecture, il faut vérifier qu'il n'ait pas été supprimé lors de la lecture dans l'autre chambre par la navette. Un collaborateur de sénateur doit ainsi s'assurer que l'Assemblée nationale n'ait pas supprimé l'amendement qu'il a fait adopter. Si c'est le cas, il pourra alors le redéposer en deuxième lecture, sauf si c'est un amendement additionnel ou que nous sommes en procédure d'urgence.

Écrire un amendement présente un intérêt, même si on sait pertinemment qu'il n'a aucune chance d'être adopté. Il permet d'afficher un positionnement politique clair dont on peut ensuite faire la publicité, que ce soit au niveau local comme national.

Le député pourra par exemple communiquer sur les réseaux sociaux (Twitter, Facebook, LinkedIn), afin de promouvoir son action à l'Assemblée nationale ou au Sénat. Il pourra ainsi relayer son intervention sur son amendement et la diffuser, ou utiliser un visuel expliquant ce qu'il défendait et ce qu'il est advenu de l'amendement – en pointant par exemple du doigt le

Gouvernement s'il a été rejeté, s'il est dans l'opposition. Cela permet à la fois de montrer l'action du parlementaire, son investissement, les sujets qu'il défend et de lui donner de la visibilité.

Un service après-vente peut également être entrepris avec les différents lobbys ou secteurs touchés par l'amendement, qu'il soit adopté ou non. De même, des lettres ou e-mails peuvent être envoyés à des citoyens de la circonscription, des élus locaux ou des associations. Par exemple, un amendement qui souhaite interdire toute fermeture de classe dans une école rurale sans l'autorisation du maire peut être transmis au premier édile d'une commune intéressée par ce problème, voire aux associations de parents d'élèves. Que l'issue soit favorable ou non, les citoyens et le maire verront l'implication du député à défendre son territoire et l'écoute qu'il a pu porter aux problèmes qui lui sont soumis.

Bon à savoir

Ne pas oublier de communiquer auprès de la presse locale et régionale. Envoyer un communiqué de presse, accompagné de l'amendement, permet de valoriser le travail du parlementaire dans l'Hémicycle, qui peut paraître obscur ou complexe. Les citoyens pourront alors mieux comprendre à quoi sert un député, ce qui peut bien évidemment faciliter sa réélection, même si aucune élection n'est ni certaine ni jouée d'avance.

CONCLUSION

Comme le faisait remarquer avec justesse Guy Carcassonne, « *ce qui manque au Parlement, ce ne sont pas des pouvoirs mais plutôt des parlementaires pour les exercer* »[1]. Nous venons de le voir, les parlementaires, députés et sénateurs, disposent de multiples moyens pour faire adopter ou au moins discuter et promouvoir leurs idées, et ce d'autant plus avec la configuration de la XVIème législature.

Une bonne connaissance du Règlement des assemblées permet de desserrer l'étau de la rationalisation du travail parlementaire. Néanmoins, il convient de garder à l'esprit qu'amender un texte est avant tout une question de volonté politique : volonté de porter une idée et de la défendre en commission et dans l'Hémicycle. Car aussi compétent soit-il, le collaborateur parlementaire, qui, le plus souvent, se charge d'écrire et de déposer l'amendement, ne peut pas se substituer au parlementaire pour en discuter et le faire voter. D'où l'importance de mettre en place un dialogue avec le député ou le sénateur pour déterminer une stratégie. Un bon travail d'équipe est la clé d'un bon travail parlementaire !

1. Guy Carcassonne, *La Constitution*, Point, 2005.

Souvent perçu comme l'outil privilégié de l'obstruction, l'amendement est avant tout un instrument au service de la qualité de la loi et de sa clarté. On peut regretter que des interprétations trop restrictives de l'article 40 et de l'article 45 de la Constitution limitent excessivement ce droit fondamental de participer à l'écriture de la loi, au détriment du débat démocratique. L'opposition, même si elle rime parfois avec obstruction, doit être préservée dans ses droits. Le temps des débats est nécessaire dans une démocratie représentative. Le droit d'amendement du parlementaire en est l'une des caractéristiques, voire l'essence même, comme en témoigne la XVIème législature.

Indéniablement, cette législature ouvre de nouvelles perspectives en matière d'amendements. Le Gouvernement ne disposant plus que d'une majorité relative, on a pu voir dès le début de la session extraordinaire de juillet 2022 que l'opposition arrivait à faire adopter certains de ses amendements, corroborant ainsi l'analyse de Guy Carcassonne. De même, la place du Sénat est renforcée : les sénateurs ont un rôle primordial à jouer, maîtrisant beaucoup mieux la culture du compromis, très présente à la Chambre Haute. Les premières CMP ont d'ailleurs montré que les sénateurs négociaient avec le Gouvernement pour que les textes soient adoptés rapidement, limitant ainsi les allers-retours des navettes.

Cette configuration assez inédite de l'Assemblée nationale et du Sénat sous la Vème République replace le Parlement au cœur du jeu politique, faisant de la coproduction législative un thème plus que jamais d'actualité. Avec le passage d'un régime dit « à tendance présidentielle » en raison du fait majoritaire, à un régime « à tendance parlementaire », le rôle des députés et des sénateurs devient ainsi réellement déterminant et son expression, par voie d'amendement, incontournable.

TABLE

Déjà parus dans la collection

Témoignages

Pierre Ménat
Un ambassadeur dans la révolution tunisienne
2015

Pierre Dauptain
50 ans de mariage
2015

Alessio Motta (dir.)
Discriminations et carrières
2016

Paul Bacot
Une enfance en Quatrième République
2016

Pierre Dauptain
Et comment vont les enfants ?
2017

Pierre Ménat
France cherche Europe désespérément
2019

Sonny Perseil (dir.)
Les métiers de l'asile
2019

Benoît Pénet
Aimer les bottes
2020

Pierre Ménat
Entre puissance et défiance : dix questions sur l'Europe post-covidienne
2020

Louise et Sonny Perseil
Le scandale des assistantes maternelles
2020

Pierre Dauptain
65 Balais
2020

Pierre Dauptain
Où sont passés les roses et les choux ?
2022

Structures éditoriales du groupe L'Harmattan

L'Harmattan Italie
Via degli Artisti, 15
10124 Torino
harmattan.italia@gmail.com

L'Harmattan Hongrie
Kossuth l. u. 14-16.
1053 Budapest
harmattan@harmattan.hu

L'Harmattan Sénégal
10 VDN en face Mermoz
BP 45034 Dakar-Fann
senharmattan@gmail.com

L'Harmattan Cameroun
TSINGA/FECAFOOT
BP 11486 Yaoundé
inkoukam@gmail.com

L'Harmattan Burkina Faso
Achille Somé – tengnule@hotmail.fr

L'Harmattan Guinée
Almamya, rue KA 028 OKB Agency
BP 3470 Conakry
harmattanguinee@yahoo.fr

L'Harmattan RDC
185, avenue Nyangwe
Commune de Lingwala – Kinshasa
matangilamusadila@yahoo.fr

L'Harmattan Congo
219, avenue Nelson Mandela
BP 2874 Brazzaville
harmattan.congo@yahoo.fr

L'Harmattan Mali
ACI 2000 - Immeuble Mgr Jean Marie Cisse
Bureau 10
BP 145 Bamako-Mali
mali@harmattan.fr

L'Harmattan Togo
Djidjole – Lomé
Maison Amela
face EPP BATOME
ddamela@aol.com

L'Harmattan Côte d'Ivoire
Résidence Karl – Cité des Arts
Abidjan-Cocody
03 BP 1588 Abidjan
espace_harmattan.ci@hotmail.fr

Nos librairies en France

Librairie internationale
16, rue des Écoles
75005 Paris
librairie.internationale@harmattan.fr
01 40 46 79 11
www.librairieharmattan.com

Librairie des savoirs
21, rue des Écoles
75005 Paris
librairie.sh@harmattan.fr
01 46 34 13 71
www.librairieharmattansh.com

Librairie Le Lucernaire
53, rue Notre-Dame-des-Champs
75006 Paris
librairie@lucernaire.fr
01 42 22 67 13

www.ingramcontent.com/pod-product-compliance
Lightning Source LLC
LaVergne TN
LVHW021227061026
849535LV00008B/2960
9782140302589